教育实践与理论探索

——牛湘坤教育文集

牛湘坤 著

南方传媒
广东人民出版社
·广州·

图书在版编目（CIP）数据

教育实践与理论探索：牛湘坤教育文集 / 牛湘坤著. —广州：
广东人民出版社，2022.12

ISBN 978-7-218-15988-1

Ⅰ.①教… Ⅱ.①牛… Ⅲ.①教育—文集 Ⅳ.①G4-53

中国版本图书馆CIP数据核字（2022）第175163号

JIAOYU SHIJIAN YU LILUN TANSUO：NIU XIANGKUN JIAOYU WENJI
教育实践与理论探索：牛湘坤教育文集

牛湘坤　著

出 版 人：肖风华

责任编辑：伍茗欣
责任校对：吴丽平
装帧设计：奔流文化
责任技编：吴彦斌　周星奎

出版发行：广东人民出版社
地　　址：广州市越秀区大沙头四马路 10 号（邮政编码：510199）
电　　话：（020）85716809（总编室）
传　　真：（020）83289585
网　　址：http://www.gdpph.com
印　　刷：广东虎彩云印刷有限公司
开　　本：787mm×1092mm　1/16
印　　张：18.375　字　　数：230 千
版　　次：2022 年 12 月第 1 版
印　　次：2022 年 12 月第 1 次印刷
定　　价：68.00 元

如发现印装质量问题，影响阅读，请与出版社（020-85716849）联系调换。
售书热线：020-85716833

《教育实践与理论探索》文集值得一读！

我们非常乐意为牛湘坤老师的《教育实践与理论探索》文集作序。

《教育实践与理论探索》文集是牛湘坤老师从教40年来的教育探索，经验宝贵，值得一读。文集给我们的启示是多方面的，我们在此总结几个特征：

1. 正如该书名称所言，该文集首先体现了作者艰苦的"探索"历程。作者的好几篇代表作就是科学探索的结晶。例如，作者经过四年艰苦研究后所发现的"文字与思维不同步"现象，不仅需要我们对流行的写作理论、写作教学方法做一番新的思考，而且对哲学上的很多问题，尤其是对"哲学思维"问题也要做出新的思考，甚至需要我们对马克思主义哲学中很多人不太重视的问题作出新的审视。这种教学与科学上的探索不仅表现了作者"上下求索"的科学精神，也为人们开拓思维、树立创新意识提供了有益的启示。

2. 文集所体现的现代性特征。从文集中我们可以看到，作者的理论功底尤其是马克思主义的理论功底非常深厚。在分析现实问题时，作者不是简单地、机械地搬用经典作家的词句，而是力图将经典作家看问题的科学方法与对现实问题的分析结合起来。所以给人的感觉是作者对马克思主义科学原理的应用非常娴熟、极其流畅，没有做作之感。这种娴熟流畅的运用恐怕是马克思主义科学原理现代性运用的某种表现。

3. 教学上的独创性与智慧性。作者所做的教育与科学上的探索，并不是纯粹为探索而探索，而是着眼点放在了现实生活中。尤其是作者将自己的科学研究成果直接用于了教学中。例如，在《从哲学中寻求智慧》一文中，我们就看到了作者独特的教学方法与风格。说实在的，以现行的教学标准还真的使我们感到无法衡量作者的教学。我们在看完了该文之后，沉默了很长时间。一方面，我们感到作者的哲学修养确实达到了非常好的状态，其使用的教学方法确实体现了马克思主义哲学的本性。另一方面，我们又感到这种教学方法与现在流行的"知识教学"方法存在着很深的矛盾。或者说，作者所使用的教学方法严格说来不是一种纯知识教学方法，而是一种"思维教学方法"。他所教的哲学并不仅仅是马克思主义哲学原理知识，而是马克思等经典作家分析问题的思维方式。因此说，作者的教学体现了一种"学者教学"的智慧与独特风格，但这种教学也给现行的哲学教学及其他科学的教学出了一道令人伤脑筋的难题。当然，在其他科目的教学如写作教学方面，作者也体现了自己的独特风格，并创建了"录音训练"等一些新的写作教学方法。

4. 爱憎分明的人格特性。从文集中我们很容易感觉到作者的爱与恨。作者对科学与真理的痴迷爱好与追求，对马克思主义真理的智慧性论证，使我们深感敬佩。作者对各种丑恶现象的憎恨也同样分明，如对战争、浪费、勾心斗角、尔虞我诈等一系列现象非常憎恨，其对很多谬误的批判不仅表现出了鲜明的立场，也体现了较好的哲学智慧。作者对人类长久和平的向往，对安定和谐社会的渴望，对物质高度发达、精神境界高尚的共产主义大同社会的向往与渴望表达了我国民间很多人士的心理要求。可以说，习近平总书记和党中央确立的"人类命运共同体"的目标是有群众基础的，反映了广大人民群众的心理愿望和要求，符合广大人民群众的根本利益。

5. 知识的广泛渊博性。真正的哲学家必定对人类几乎所有的观念及其价值都感兴趣。在这方面，马克思是最杰出的代表。马克思不仅通晓社会科学，也通晓自然科学。自然进化论、生物细胞学说、能量守恒定律及高等数学等当代的自然科学几乎在马克思的视野之中，马克思无疑是最典型的哲学家。显然，该文集的作者对马克思主义哲学的爱好及修养也达到了很深的程度，其对很多科学领域的观念及其价值也表现了浓厚的兴趣。如对经济学、人口学、写作理论、哲学、历史学、文学、英语、教育乃至一些自然科学的观念也表现出了浓厚的兴趣和爱好。我们从作者知识渊博的文集中似乎很难判断作者究竟是学什么专业的，最后只好笼统地称其为"学哲学的"。

6. 写作方式的多样性。该文集里的文章涉及一般议论文、复杂议论文、经验总结文、记叙文、相声、诗词等，写作方式多样化。我们认为该文集中的大部分文章确实是想学写作者的良好范文，其中的复杂议论文如"双重腹稿形式"作品也是科学研究工作者的良好范文。

总之，文集中所表现的特征与启示确实是很多方面的，非常值得阅读。我们仅就其中几个方面谈了自己的感受，姑且作为我们向读者推荐的"序言"。

当然，从文集的阅读来看，我们还感到作者的很多"缄默知识"尚没有完全表露出来，这也许是时间、精力、条件等的有限对作者的制约。我们期望作者在有条件有时间的情况下，能将自己的整个思想再做一个系统的概括，那也许会使读者受益更大。

黄铁苗　广东省委党校教授
袁晓江　深圳市委党校教授
2021年6月20日

目 录 CONTENTS

◎ 写作教学

◎ 哲学教学

◎ 经济学教学

◎ 诗 词

◎ 其 他

写作教学

略谈作文腹稿的三种形式

此文是我最满意的代表作之一。在此文中，我披露了原创性科学论文的研究过程。虽然现在很多学者都知道，原创性科学论文具有一个重要的研究过程，甚至不少的科学家还亲自体验过科学论文的研究过程，但真正用文字披露其研究过程的部分内容，据我所知，我好像是世界第一人。

此文中谈到的三种腹稿形式实际上就是三种思维方式。当然，介于这三者之间还有其他形式，但在归纳中为简便起见就没有必要去讨论它们了。

2020年4月19日星期日

笔者在《略谈中小学作文写作的几个问题》（《中学语文教学》1996年第12期）一文中提出了"文字与思维不同步"的观点，并认为这种不同步性造成了人们写作上的思维停顿，而写文章之前打腹稿是克服"文字与思维不同步"干扰的根本手段。在此文中，笔者再结合自己的写作实践对腹稿的形式略谈一点看法。由于本文仍以"文字与思维不同步"等观点为基础，故可看作是上文的续篇。

从不同的角度考察，作文腹稿可以划分为不同类型的形式。如果从腹稿的思维过程与文字的表述过程的比较来看，我们认为，作文腹稿大致可分为简单腹稿、正常腹稿、复杂或双重腹稿三种形式。

一、简单腹稿形式

这种腹稿形式的特点是：打腹稿时的思维过程与写作时的文字表述过程相比，前者要短，即字数要少。有时要短很多，如一篇两三千字的文章也许只要打一二百字，或许几十个字的腹稿就足够了。腹稿的任务主要是给文章定出一个大致框架或主要观点。这类腹稿形式通常适用于引用了大量资料、数据、表格或他人之文的文章。在此类文中，作者自己的语言通常所占比重相对较小，文中往往依靠所引用的材料来说明自己的观点。

当然，这类文章的打腹稿过程虽然简单，但收集各种资料的过程却十分艰辛。作者也必须具有较强的综合能力。

笔者采用这种腹稿形式写成的文章有《我国封建社会的赋税对人口变动的影响》一文（载于《南方人口》1990年第4期），由于全文90%以上的内容引用的是历史资料与数据，因而自己的打腹稿过程仅用了几分钟，写了几句话，列了一个大致框架。写作过程中的工作主要是在各种资料之间加上一些过渡句等。虽然打腹稿过程非常轻松，但历史资料与数据的查找及资料的归类排列却花了整整4天的时间。

"文字与思维不同步"现象对此类文章写作的干扰性相对较小，即此类文章在所有准备工作完毕后，不用多打腹稿即可动笔。

二、正常腹稿形式

这种腹稿形式涉及了几乎所有形式的记叙文与大部分的议论文。这种形式是人们最常用的腹稿形式。它的特点是：腹稿的思维过程与文字的表达过程基本相近，这包括顺序基本相近与字数基本相近。这种形式即人们常说的把自己的"说"写下来。我们认为，这种腹稿的重要作用之一是克服文字与思维不同步的干扰，从而保持文字表达时的思维连贯（前文曾述）。如果不打腹稿而直接写作，思维往往产生停顿或断裂，严重者则走题。不少的人写作时想一点写一点或写一点再阅读所写内容，以重新勾起思维的连贯，这就是思维停顿或断裂的表现之一。现在，有的老师在教学生写作时，先让学生用口说，或让学生相互讨论，我们认为，这实际上起了让学生打腹稿的作用。这应是作文教学值得提倡的方法之一。笔者自己的大部分文章包括本文在内都是采用这一腹稿形式。

我们认为，能否采用此种腹稿形式进行写作是衡量一个人是否进入了"二级语言表达阶段"的重要标志。

三、复杂或双重腹稿形式

我们所说的复杂或双重腹稿形式实际上就是指马克思所说的"具体—抽象—具体"的思维方式。这种腹稿形式的特点是：腹稿的思维过程远长于文字表达的过程，甚至是文字表达过程的很多倍。

这种腹稿形式一般用于较复杂、环节较多的问题的阐述，包括自然科学问题与社会科学问题。尤其在社会科学论文中，这种腹稿形式运用较多。因为社会问题通常很复杂，各种因素往往交错在一起，直接采用正常腹稿形式对其很难表述清楚，因而必须采用与文字表达顺序不完全相同的复杂或双重的腹稿形式，即必须打两次完全不同的腹稿。

第一次腹稿：先从必须分析的现实问题着手，将各种次要的、表面的因素逐一剔除，最后找到影响这一问题的"最根本、最本质的因素"。到此，第一轮腹稿就完成了。然而，当动笔写作时却不能以这次腹稿为准，因为如果把腹稿过程全文写下，文章不仅长而累赘，且无法叙述清楚，读者也无法看懂。因此，有必要再打第二次腹稿。

第二次腹稿：这次腹稿与前一次完全不同，它把第一次腹稿的过程基本上颠倒过来了。它首先从"最根本、最本质的因素"开始叙述，然后把剔除了的各种次要的表面的因素又重新加上去，或说"还原"，最后又回到所要分析的现实问题上。从语言上看，这一次的腹稿已简单明了。到此，第二次腹稿也完成了。当用文字表述时，就以第二次腹稿为准。而第一次腹稿的过程在文字表述中全被略掉了。

双重腹稿的第一次腹稿由于带有探索性质，故而马克思把它称为"研究过程"，也即"具体—抽象"的过程。第二次腹稿语言简单化了，条理也变得清晰，故而马克思把它称为"叙述过程"，也即"抽象—具体"的过程。

应该说，双重腹稿形式属于明显的创造性思维方式之一。它是在正常腹稿形式的基础上发展起来的一种腹稿形式。当正常腹稿形式用于一些较复杂、环节较多的问题时，在具备某些条件下，就逐渐演变成了双重腹稿形式。因此可以说，正常腹稿形式是双重腹稿形式的基础。如果不懂得使用正常腹稿形式，就根本无法采用双重腹稿形式。我们的另一个观点是：理论上的创造性思维方式必须建立在二级语言表达阶段的基础上，理由之一就在于此。

四、使用双重腹稿的一点尝试

在前文《略谈中小学作文写作的几个问题》的写作中，我曾尝试性地使用了双重腹稿形式。

1989年我对湖南师范大学幼儿园的幼儿所进行的一次随机抽样调查表明，三四岁的小孩就会"写"短文（实际上是"说"短文）。这引起了我一系列的思考，从而开始了我的第一次腹稿。腹稿的部分内容如下：

笔者自己直到30岁（大学毕业后的第6年）才真正懂得了写作的真谛，即懂得了"作文原来就是将自己的思维活动记录下来"的道理，然而三四岁的小孩居然也会"写"文章，这到底是笔者太笨，还是现在的小孩大多是"神童"？翻看自己在高中与大学期间所写的作文，那种"华而不实""无病呻吟"的现象随处可见，且在目前初高中学生的那种"之乎者也"（指辞藻华丽）一大串，却没有实质内容的作文中同样不难见到。难道这些学生真的没有逻辑思维能力吗？难道自己当初的思维真的比不上三四岁的小孩吗？为什么当初我的老师说的"作文就是写自己思想"的教诲自己实际上一直不懂？自己当年与同学们辩论时的慷慨陈词算不算思维？思维与写作是否完全等同？今天所调查的这批"神童"到了学生时代会不会走笔者走过的老路？

他们那时还能保持自己三四岁时的朴素、直率的思想表达方式吗？"之乎者也"是否会代替"圈圈的花"（下文所列的录音中的儿语）？"三四岁天才，十三四岁庸才"（指作文而言）的现象是否会出现？难道学习了文化，思维反而退化？不懂作文理论的小孩能"写"短文，难道是作文理论变成了框架，限制了学生的思维？难道老师对作文中错别字的更改吸引了学生的注意力，从而使学生过分注重文字而忽视了思想表达？

在教初二、初三学生写作时，我多次结合自己写作的切身体会讲解，虽然从表面看，学生听得津津有味，好像人人都理解了写作的真谛，但在实际的写作练习中，我却发现，大多数学生根本没有理解我的意思，就如同当年我不能理解自己的老师一样。这到底是什么原因？有什么因素在作怪？

仅有几千词汇量的小孩尚能使用自己的语言，具有几万词汇量的初二、初三学生为何就做不到这一点呢？模仿式、抄袭式等空洞的语言为何就摒弃不了呢？难道写作水平的提高真的只能靠学生自己在千百遍读写中领悟，而没有加速的捷径可走吗？

为什么"神童"老是出在入学前的"文盲"之中，而入学后的"神童"却反而少见？（我们把小孩能说出而大人一般不能说出，如骆宾王的《咏鹅》诗等现象称为"神童"现象，把二年级学生能做四年级作业等类似现象仅称为"超前教育"。因为大人们一般也能做四年级学生的作业）"说"文章与"写"文章是否等同？"说"与"写"孰难孰易？为什么人类的语言历史长达几十万年也许百万年，但文字历史仅仅四千年？如果文字表达自己思维的过程与口头表达过程同样容易，为何文字不与语言同时产生？至少也不应落后几十万年。文字表达是否由于太难，从而限制了思维？如果说文字表达难于口头表达，那么究竟难在哪里？为什么自己后来的成功写作每一次都要打腹稿？等等，等等。

在排除了很多的答案或因素之后，我们深深感到：文字与思维之间一定存在着某种脱节，否则上述大多数矛盾现象就难以解释。直到我们最后发现了"文字与思维不同步"现象之后，用了四年时间所打的冗长的第一次腹稿就结束了。

然而，如果用文字把这些零乱无序的问题直叙出来显然是说不清楚的，有必要打第二次腹稿，即把第一次腹稿的思维顺序颠倒过来，把最后的"结论"摆到最前面，即从"文字与思维不同步"现象谈起，然后把其他因素再逐一"还原"（我们的"还原"工作目前尚不能说完毕，因为文章篇幅的有限使我们略掉了很多问题），从而形成了读者所见之文了。

应该说，采用双重腹稿形式最光辉的典范应首推马克思的《资本论》。马克思的第一次腹稿从"为什么资本主义国家会产生经济危机？"等一系列的"堆积如山的"现象问题开始，在剔除了各种因素之后，最后寻找到了"商品"这一"最根本、最本质的因素"，于是第一次腹稿结束了。而马克思的第二次腹稿却把复杂的第一次腹稿的过程颠倒过来了。他首先从"商品"开始叙述，再将其他各种被剔除的因素逐一"还原"[①]，从而写出了永载史册的巨著——《资本论》。

当然，在一些很长的议论文中，几种腹稿形式也可能结合使用。

总之，不管写作前以何种形式打腹稿，打腹稿本身却属于主动性的思维。中小学生及幼儿虽然在其知识范围内具有"天生"的逻辑思维能力，但他们的思维大多属于被动性的思维，这种思维往往在自然的、无意识的状况下表现出色，一旦正式动笔写作，思维则表现为停滞（因受到文字与思维不同步的干扰）。因此，如何教会学生们打腹稿，从而使他们的被动性思维转化为主动性思维无疑是中小学作文教学的重要任务之一。

完稿于1997年3月

载于《中学语文教学》1997年第9期

---

① 我在文中所说的"还原"是指科学理论的叙述过程中抽象向具体的逐步演变。通俗地说，就是把剔除了的因素又重新加上去，与学术界说的"还原论"不相干。

注：在此文中，我虽然说此文的写作方式为"正常腹稿形式"，但实际上也是为简便起见。若无前文的"复杂或双重腹稿形式"的作品，也写不出后文。因此，此文实际上是前文的派生或继续，并不是单纯地划为"正常腹稿形式"的范围那么简单。

2020年10月7日

略谈中小学作文写作的几个问题

此文是最标准的"双重腹稿形式"作品，它与前文一起构成姊妹篇，属于笔者的代表作。笔者自己将此两文共称为"文字与思维不同步之说"。在1998年以后所写的"谈见解"的文章中，大部分见解或多或少都与这两文有联系。假如笔者有精力、有时间、有条件写一本关于写作的理论书籍的话，这两篇论文就是书中的核心部分。

在此文中比较抽象的第一部分，我按照逻辑的要求，自己创造了文字表达思维过程的"新知识"。

本文试对人的思维表达过程的心理特征、学生的逻辑思维潜力及认识写作中文字作用的艰难性等问题略作一分析，并在此基础上谈谈中小学作文教学利用现代录音设备的一点设想。

一、人的思维表达过程的心理特征

会写文章的人根据自己的写作经历几乎都会感到，写文章只要想得到，就可以写得出，只要说得出，就可以写得下。然而实际上，并不是所有的人都想得到就写得出，都说得出就写得下的。尤其是对于初学作文的中小学生来说更是如此。因为人的思维表达过程的心理特征告诉我们，"想"和"说"并不与"写"相统一。

人的思维活动与语言同步，却不与文字同步。如果仔细观察和体验就会发现，思维与语言、文字之间在写作过程中具有如下关系：思维在活动时，离不开语言（可发出声也可不发出声的语言），但是可以离开文字。语言在活动时，思维紧紧伴随（大脑处于休眠状态下的语言例外），但文字活动时，思维可以不活动。这主要是文字的书写需要时间，因而思维不得不产生停顿。这颇有点像飞机与汽车若想同时到达目的地，飞机不得不先停降一样。因此可以说，语言能够轻而易举地记录下人的完整的思维活动，但文字记录思维的过程却十分艰难。

那么，在文字与思维不同步的状况下，人们如何将自己的思维活动用文字表达出来呢？我认为，这里必须借助头脑中的语言储存系统，即先将表现出思维活动的语言储存到记忆细胞内，当用文字记录或表达时，又将储存在记忆中的语言再现出来。语言与文字记录思维的过程可大致描述如下：

1. **语言记录思维活动的过程：**

同步活动

思维活动　⟹　语言表达

2. **文字记录思维活动的过程：**

同步活动

思维活动　⟹　语言表达　⟹　记忆储存　⟹　记忆重现　⟹　文字记录或表达

因此，与语言表达相比，文字表达要复杂得多。这里多了一个录音机般的过程——先记忆再重现。不少的学生在日常的、无意识的谈话中，思维逻辑性很强，但写出来的文章却表现为一种断裂性的思维，甚至变成离题的思维，这显然是文字与思维的不同步性造成了思维的停顿。他们的头脑中缺乏"语言储存"和"语言重现"的过程。而这一过程不是简单形成的，需要在训练中将这一过程转变成有意识的过程。我认为，写文章之前打腹稿（即把文章的结构、内容等先在头脑中"说"出来）是这一转变过程成熟的标志。因为打腹稿一方面是用语言在头脑中表现思维活动，另一方面又对表现出思维活动的语言起强化作用，从而达到记忆储存的目的。这样，当用文字记录或表达时就不会因为思维与文字的不同步而造成思维活动记录的断裂，从而写出一篇完整的文章来。

当然，应该说，"语言表达"实际上还有更广泛的内容。为使表述清楚，再引入"二级语言表达"的概念。所谓二级语言表达是指经过了记忆储存与记忆重现处理后的语言表达。它与前面提到的语言表达有着本质的不同。在形式上，它完全以有声方式表现；在内容上，它的实质与文字表达相同。如作演讲、作（无文字的）报告、教师上课等都属于这种语言表达方式。它的表达过程大致如下：

```
                    同步活动
                 ┌─────────┐
思维活动  ⇒  （初级的）语言表达  ⇒  记忆储存  ⇒

记忆重现  ⇒  二级语言表达（代替文字表达）
```

二级语言表达者实际上已经能够灵活地用文字表达自己的思想。这是在初级语言重现的基础上再次以语言而不是文字来表达自己的思维活动。正因为二级语言表达与文字表达从实质上说相等——都经过了"语言储存"与"语言重现"的处理，因此，在后面的分析中我们把使用这两种表达方式的时期统称为二级语言表达阶段，而把本文开始提到的语言表达时期称为初级语言表达阶段。

基于以上认识，我认为，提高学生思维能力固然是中小学作文教学的重要任务，然而决不能忽视学生写作中对头脑的语言记忆储存系统的开发应用。因为这一系统不能得到有意识的利用，学生则无法排除文字与思维不同步对思维活动造成的停顿干扰。学生即使有了较强的思维能力，也无法用文字表达出来。

二、学生逻辑思维的潜力

在很多老师的想象中，大多数学生，尤其是初中生与小学生的思维简直谈不上具有逻辑性，且他们语言的"贫乏"几乎也是大家所公认的。然而，通过调查中外很多的儿童却证明，在他们的知识范围以内，学生的思维逻辑性是很强的。1989年我们对湖南师范大学幼儿园的幼儿所进行的一次随机抽样调查显示：三四岁的小孩就已具备很强的逻辑思维能力。他们对事件的描述、综合、总结及发表议论等的口头能力已经远远超出了我们最初的想象。他们的口述文章完全表现了思维的连贯性、层次性与一定的完整性。下面我们先看一名三岁半幼儿的部分口述录音短文：

烟花节看烟花（摘录）

昨天烟花节到了，我和妈妈在楼顶上看烟花。

烟花很漂亮，有的像蘑菇，有的像白菜，红白菜变成绿白菜了。它们老是悬在天上，没有掉下去。

我看了那个圈圈的花很漂亮，那个烟花一闪开就变成花了。一束束的花冲上去，又落下来了。

我站在楼顶上叫了起来……

烟花节我看到了很多的五颜六色的花。

从上文我们可以看到，三岁半的幼儿就已经具有把自己的经历与感受表达出来的能力。中小学生的社会知识——从家庭、学校、街道、电视等渠道学习来的知识，尤其是他们流畅而广泛的语言知识已经足够他们发表一般的见解了。美国对学生进行调查的一项统计显示：一个人从出生算起，平均每天至少可以掌握5个新的词汇。一个7岁入学的小孩实际上已在口头上至少掌握了12800个词汇，一个12岁的小孩口头上至少掌握了22000个词汇。学生语言"贫乏"的观念恐怕需要更正。在很多自然的、无意识的情况下，学生对事物的描述、对事件的议论往往具有自己的观点，思维的逻辑性也表现得很强。然而，由于文字与思维的不同步性给思维造成的停顿干扰及语言储存系统没有得到有意识的利用，学生即使掌握了其口头词汇的书写方法，但仍然无法记录下他们自己完整的思维活动。从表面看，学生则表现为记性不好，刚说的马上就忘记了。再加上他们缺乏自信，根本不敢认为他们最初的一些思维具有较强的逻辑性，因而对已说过的话语想都不愿去想。

5年前，我曾做过一个有趣的比较。我将通过录音收集到的三四岁小孩的作文与某重点小学三年级学生的作文作比较。如果单纯地从作文内容看，我们不得不得出这样一个"结论"：三四岁小孩的思维能力强于9岁小孩的思维能力。毫无疑问，这是不可能的。实际情况只能是：很多因素，包括文字与思维不同步这个重要因素，使学生没有发挥出更佳的思维能力。

因此，我认为，在给学生传授新的知识的同时，应注意挖掘学生本身所具有的逻辑思维能力，否则一方面是知识财富的增多，另一方面又是知识财富的隐没。

三、认识写作中文字作用的艰难性

在作文写作中，文字究竟起着什么作用？它是用来干什么的？虽然一些领悟程度高的学生很快能理解这个问题，但对于很多仅处在初级语言表达阶段的学生来说，这个问题并不是那么容易理解的。事实上，有些学生在整个学生时代，甚至包括大学时期都没有明确这个问题（这可从一些大学生毕业论文中看出）。

这个问题之所以难理解，首先是文字与思维的不同步性，或者说文字表达思维的曲折过程本身就使文字记录思维的作用无法直接体现出来。另外，"文字记录或表达自己思维活动"的这一论点也是纯粹的抽象思维说理。这对于具体思维或形象思维占主导地位，且没有亲身进入二级语言表达阶段的学生，尤其是小学生来说，连"思维"本身的含义都难以明确，更不要说"文字表达思维"了。

再者，文字多层次概念上的作用进一步掩盖了写作过程中的文字作用。文字从大小概念上看，本来就有多种用途，如通过文字来学习更好的文章，通过文字来学习新的知识，文字还可用于记叙事件、描绘事物、发表议论及抒情等等。虽然剖开写作的实质，文字在此只有一项用途，即起记录自己思维的作用。然而这种多层次概念上的用途往往掩盖了写作中文字的单一用途，使一些学生无法认识文字在此的真正作用。他们往往认为，只要使用文字，就应该比讲话更美，甚至要美得多。因此，这些学生老是想方设法寻找自己讲话（实际上是自己思维）以外的优美词汇，从而出现我们常见的"无病呻吟"的现象，所写文章也变成了东拼西凑的作品。而一些老师从这些拼凑作文中只会感到，这些学生的逻辑思维能力实在成问题，而难以想到，这样的作品并没有表现学生自己完整的思维，有些文章从头至尾就没有表现学生自己的思维。

因此，我们认为，如何使学生明确文字在写作中的作用，尤其是使学生体会用文字记录自己思维的滋味，同样是我们中小学作文教学必须研究的重要课题。

四、作文教学利用现代录音设备的设想

作文教学中利用现代录音设备的设想，首先是人的思维表达的心理特征给我们的启示。因为人们借以记忆的"语言储存"与"语言重现"系统实际上类似于录音机。在学生头脑中的"录音机"没有得到有意识利用的时候，可借助于真正的录音机来帮助他们将文字与思维衔接起来。这好比让飞机在不停降的状况下飞到目的地，同时用记录设备将其航程录制下来，再将航程以慢镜头方式提供给汽车，从而使汽车沿原方向行进。

其次，利用录音设备可以帮助学生认识自己的逻辑思维潜力。例如，利用录音设备录下一些学生自己无法用文字记录下或记不全的优秀的口头表达范例，并通过重放使学生认识自己所具有的逻辑思维潜力，从而提高他们的自信，这有着非常重要的作用。

当然，必须承认，学生思维逻辑性发挥得好的状况往往是学生处于一种轻松、自然、没有思想顾忌的情况下才能出现。在实验过程中，我们发现，这几乎是初级语言表达者的共同特征。因此，选择时机，引导学生放松是录

取完整思维活动的先决条件。

再次，录音设备的使用，也有利于学生认识写作中的文字作用。一些学生作文中表现的断裂性思维表达与离题性思维表达固然与文字、思维的不同步等因素有着密切的关系，但没有认识写作中文字的作用无疑也是一个重要的原因。因此，我认为，将学生在轻松、自然、没有思想顾忌的情况下用录音机录下的逻辑思维表现较好的初级语言表达，重新以录音机的形式再放出来，并要求学生本人以录音为原本重新用文字记录或整理下来以作为他们的作文作业，这种尝试重复几次之后对学生体验用文字记录自己思维的滋味无疑会有很大帮助。它能使学生直观地体验到用文字记录自己思维的作用。

举例来说，我们在前面列出了一名三岁半儿童的部分录音。假设这名儿童在掌握了文字书写以后须写同一事件或标题的作文，那么，是让他抄袭专家学者的优美词句好，还是抄袭他自己的录音好？我以为，抄袭自己的语言远胜于抄袭专家学者的语言，因为自己的语言毕竟是自己思维活动的体现。这对于"作文原来就是将自己的（完整的）思维活动记录下来"的认识，无疑会有很大的帮助。

总之，在中小学作文教学中，注重学生头脑中的语言储存系统的开发利用，帮助他们排除文字与思维不同步的干扰，挖掘他们所具有的逻辑思维潜力，从而提高他们的自信，并帮助他们尽快认识文字在写作中的作用，以便学生顺利实现初级语言表达阶段向二级语言表达阶段的过渡，是我们教育界必须重视的问题。

起思于1989年，完稿于1996年3月。因思考艰难，中途停顿了三年。

载于《中学语文教学》1996年第12期

1997年获"21世纪全国语文教学改革"优秀论文一等奖及"中学教学方法"优秀论文一等奖。

"思维先于语言"的观念是错误的

目前，有些老师在讨论学生读写训练的时候总是以"思维先于语言"作为理论依据。然而我以为，这一观念是错误的。

笔者曾做了如下实验，即自己力图在自己的语言（出声或不出声的语言）发出之前就产生思维，然而，无论自己如何努力，却始终做不到"思维先于语言"。实验的结果是：自己的思维进程到了哪里，语言就跟随到哪里。它们两者同步运动，紧密相连，无法分割。

事实上，从理论上分析，思维先于语言也是不可能的。马克思曾说："语言是思维的载体"，"语言是思维的外壳"。然而在语言没有发出之前就产生的思维，其载体是什么呢？当然，低一级的思维形式——形象思维有点特殊，它的载体不是语言而是形象。但是，"任何高级思维总是和语言相连的"（于漪老师文中之语），因此，在我们的讨论中暂不考虑单纯的形象思维。可见，"思维先于语言"的观念在理论上也是站不住脚的。（附带说明：此处所说的形象思维不是指记叙文思维，因为记叙文思维实际上是借助了大量形象思维的语言思维，其本质仍然是语言思维。）

另外，从一些著名的教育学家（写作高手）如叶圣陶、张志公、钱梦龙等先生的作品中看，也没有发现任何"思维先于语言"之说。相反，他们却认为思维与语言是同步运动、紧密相连的。例如，张志公先生就说过：语言是思维的工具，"语言是思维的物质承担者"。这些论述无疑与马克思的观点是一致的。叶老说得更具体："思想是不出声的语言，语言是出声的思想，思想和语言是合二而一的。"（叶圣陶《集体习作实践记·序》）从某种意义上说，叶老把思维运动与语言运动画上了等号。可见，思维脱离语言而先行运动是不可思议的。

那么，既然"思维先于语言"的现象根本就不存在，为什么一些人仍然以它作为自己的理论根据呢？我们以为，他们主要是没有将语言表达与文字表达区别开来，或者说将语言表达与文字表达混淆了。当然还可以说他们没有将"初级语言表达"的概念与"二级语言表达"的概念区别开来（"二级语言表达"的概念请参看笔者拙作《略谈中小学作文写作的几个问题》与《略谈作文腹稿的三种形式》，分别载于《中学语文教学》1996年第12期与1997年第9期）。文字表达虽然是语言表达的再现，但它们两者并不相等。"不能认为会想会说和会写是毫无区别的一回事。说与写并不完全一样。"叶老常说的"想清楚了再写"，实际上是指先构思或先打腹稿（构思或打腹稿的过程是思维与语言同步运动的过程），再用文字表达，而绝不是说"思维先于语言"。

"思维先于语言"的观念是错误的，也是有害的。在实践中，它常给我们制定学生思维、语言及文字表达训练计划与方法带来障碍，也常使一些积极进取的老师遭到一些莫名其妙的指责。因此，我们认为，抛弃该种不科学观念的时机已经到了。

写于1998年

注：此文曾获全国语文精短优秀论文一等奖，载于一本忘记了名字的论文集中。当然，该文也是"文字与思维不同步之说"的派生品。

博客中的部分对话

石上泉声（2009-10-17 17:49:23）：

牛老师，有一点我不明白，那就是，一个哑巴（特指不识字断句的），他没有语言能力，根据你的理论，那他就没有思维了？

博主回复（2009-10-17 18:47:31）：

邓老师对我说的内容想得真深，我非常高兴！我试着作一回答：任何一个正常人生下来，只要不像"印度狼孩"一样脱离社会而生活，不久就会产生思维（包括形象思维和语言思维），我把这种不经过专门训练而自然产生的思维叫做"自然思维"。哑巴生下来不久也产生形象思维，但没有语言思维。但是哑巴有一种"手势语言思维"。这种思维达到什么水平，取决于这种"手势语"本身的水平。哑巴手势语分两种：正式语和非正式语。经过聋哑学校培训的语言属正式语，反之属非正式语。过去一个普通家庭的哑巴只能在家使用家庭自己创造的非常简单的"非正式语"，而这种语言水平很低，显然，哑巴即使具有"天生的"手势语言思维，但其思维能力肯定比正常人差得多。聋哑学校的"正式语言"的水平如何？我不太了解。我想恐怕达不到我们这样的水平。"哑语"能不能翻译《资本论》？如果不能，那么哑巴的哑语思维无论如何达不到正常人的水平。所以我认为，哑巴当科学家、哲学家是不可能的，但当技术员是可能的。不知我的回答是否令你满意？

浅谈"巧妇难为无米之炊"

——写作能力与写作素材小议

"巧妇难为无米之炊"常被人们用来说明写作素材的重要性，这当然是无可非议的。因为任何高超的写作能手，若缺乏素材，都不可能写出好文章来。然而，我们以为，素材固然重要，但能否将学生培养成写作上的"巧妇"，则是作文教学中更为重要的问题。

所谓写作"巧妇"即指具有写作能力者。在写作中，写作能力虽与写作素材密切相关，但它们并不相等。写作素材——包括知识积累、社会生活与实践等一系列因素，是写作的源泉。然而，源泉并不等于写作能力，并不等于写作本身。在实际生活中，我们常常发现这样的现象：素材相同，但写出的文章水平却大相径庭。前段时期，一些报刊报道：某刊物专门为一些到实际生活中进行社会调查的大学生设立了社会调查报告栏目，然而，当这些大学生的调查报告送上来之后，编辑们却发现，没有一篇高质量的文章。他们在对这些大学生的写作水平惊异感叹之余，不得不将"专门栏目"取消了。可见，素材固然重要，但在这里，可以说写作能力起着决定性的作用。

毛泽东同志曾对文艺创作工作者说，要深入社会，深入生活，深入基层，深入群众，才能写出有血有肉的人民群众的作品来。因为生活、实践等是写作的源泉。然而，毛泽东的这番话是针对写作能力高超的文艺创作者而言的。毛泽东希望文艺创作者们能创作那些直接反映中国革命和建设的群众作品。而我们现在的大多数学生根本不能与这些写作能力高超的文艺创作者相提并论。现在很多学生连基本的写作规律都不懂，甚至连作文是什么都弄不明白，单纯强调写作素材和源泉而忽视学生实际写作能力的培养无疑是没法使学生走向写作的成功之路的。

在我们现行的作文教学中，有一种将作文教学简单化的方法，即有的老师将学生往几个公园里一带，或在某博物馆转一圈，就高兴地认为解决了学生的写作问题，因为他们帮助学生找到了"米"。殊不知，如果学生仅是"拙妇"而不是"巧妇"，找到了"米"又有何用？

事实上，写作上的高超的"巧妇"，并不完全在于能做"有米之炊"，即使没"米"，他们也善于找"米"。目前一些写作能力强的老师写出来的论文多达十几篇，甚至几十篇，难道上天对他们特别偏爱，竟将世界上的写作素材全送给了他们不成？而别人竟分不到一点素材不成？其实，与其说他们的"米"多，还不如说他们是善于找"米"的高超的"巧妇"。很多人人都能见到的微小平凡之事，在他们的笔下竟变成了活灵活现、充满生机的美丽壮观的图画，变成了令人深思的深刻哲理。

找"米"工作固然重要，但培养学生成为写作上的"巧妇"，即帮助学生认识写作规律，领会写作真谛，从而培养学生基本的写作能力恐怕更为重要，也更为艰难。而这项工作恰巧是我们作文教学中更应扎扎实实去做的事情。

写于1997年底

注：此文是笔者二十多年前在深圳市翠园中学工作时与语文老师讨论写作问题而写的一篇快速见解文。

2020年8月23日

博客中的部分对话

龙凤剑客（2009-09-27 12:11:33）：

教会学生如何观察生活体验生活，是找"米"的关键。

博主回复（2009-09-28 10:05:11）：

先生的观点我十分赞赏。只是在实践中，教会学生"如何观察生活、体验生活"是一个巨大的难题。当一个学生的写作思维能力低时，其观察体验生活的能力也低。尽管老师可以告诉他很多观察生活的方法，他也难以理解。"写作思维"与人天生的"自然思维"是不同的，这是我个人的新观点。对此我在其他有关写作的文中也讨论过。还请多多指教。

提高学生政治小论文写作能力的几种尝试

在思想政治课的教学中，培养学生政治小论文的写作能力十分重要，因为它是培养学生思想政治思维最重要的途径。我们甚至可以这样说，学生不会写政治小论文，是思维能力欠佳的表现。因此在行知学校多年来的思想政治课教学中，我对学生政治小论文的写作与训练是非常重视的。几年来，学生们写了大量的政治小论文，并先后在学校校栏里登出了五期"学生政治小论文"展。目前正在编辑第六期。同时还编出了两本学校内部交流的学生文集，并曾在广东省职业指导教育学术交流会上展示。学生的很多作品，受到了人们的赞扬。

那么，如何有效地提高学生政治小论文的写作水平，从而有效地提高学生的思维能力？我在政治教学中主要做了以下的几种尝试：

一、学生自行命题，写作内容自选

长期以来，我们学生的写作，无论是语文写作还是政治小论文的写作，都习惯于老师命题，学生写作，标题一致，内容相同。然而，我认为，这没有反映写作的某些基本特征。因为写作，尤其是政治小论文写作的本意就是让学生对生活中、社会中的各种事物和现象作出自己的见解，发表自己的看法。如果要求小论文标题一致，内容相同，千篇一律，这很难达到让学生发表自己独特见解的目的。学生们从他们各自不同的角度所看到的社会事物、社会现象实际上都是不同的。千篇一律的要求往往使学生发表的见解变成了揣摩老师意图的见解，而不能发表自己心中的真正见解。所以学生自行命题，不仅可以使全班学生整体思想变得丰富，而且也是他们畅所欲言的极好方式。

在思想政治课的教学中，我要求学生们写小论文时全部自行命题。几年来，学生们自己的命题多达几百个。仅看小论文的标题就使人产生一种内容丰富的感觉。如学生自命的小论文标题有：《对宇宙膨胀论的质疑》《智慧的历史起源》《小议"乱世出英雄"》《人之初，性本善吗？——人是善恶的对立统一》《读书破万卷，下笔真有神吗？》《凡事有利也有弊——矮个子的优势》《男同学在校可否留长发？》《试看美国轰炸我大使馆的所谓失误》《克林顿，你有儿女吗？》《中国已不是百年前的中国》《北京几家商场水果价格差异的原因探讨》《同类商品价格差异的原因探讨》《服装价格调查及其差异简析》《国产电游的现状简析——调查报告》《对老师"沉思"之说的质疑》《真理诞生于一百个问号之后》等等，等等，好几百个。这种小论文标题的多种多样，不仅表现了学生看问题的独特的视角，也使学生们在相互交流中眼界变得开阔。

二、教师批改作文，实现相互沟通

教师对学生小论文的批改与评价，从传统的方式看，往往是评价"好！""较好！""合格"或"语言通顺""中心突出""层次分明""文字端正"等居高临下的真理口吻。而在笔者看来，学生一次小论文的写作往往就是与老师进行的一次笔头交流。实际上，笔头交流与一般性的口头交流是不同的（笔者曾在以前的文章中讨论过这个问题，此处则从略）。教育的一个重要任务应该是笔头交流。因此，我将学生的每一次写作都看作是一次难得的笔头交流机会。在评价学生的政治小论文时，我通常不写居高临下的评语，而是与学生讨论他自己所发表的见解。例如，高二学生王某所写的《让孤儿生活在温暖的家庭里》，我的"教师评语"是："你所具有的同情心使我很感动。你对孤儿院的孤儿们的遭遇很担忧，这种人性关怀很难得。如果孤儿们真的如此，如眼神呆滞等，我想很多人都会难过的。我建议，如果条件具备，你不妨到几所孤儿院去做一个调查，将调查了解的真实情况公布于众，因为听来的信息可能不实。如果孤儿院或某些孤儿院的确不人道，我们有理由向国家提出建议，派一些有爱心、有同情心的人去照看孤儿。至少需要你这样的人，才有资格担当孤儿院的老师。我们国家的孤儿院应该建成充满人性关怀的孤儿院。我非常希望看到你对孤儿院进行调查以后所写的有关文章。你愿意考虑我的建议吗？"对于高二（12）班符某同学所写的《大学的门槛应该向职高生敞开》的1200字小论文，笔者的"教师评语"写了700字。我对很多学生所写的"教师评语"从字数上甚至超过了学生的原文。我想，这种文字上的交流，也许更容易实现与学生的有效沟通，并使学生逐步习惯将写作的重点放在思想表达上，而不是放在写作技巧上。

当然，必须承认，师生们的文字交流工作会给老师带来巨大的工作量，尤其对于思想政治课的老师来说，面对的学生常常多达两百名以上，这种文字交流困难异常。因此我们只能期望在未来教学条件改善、班级规模缩小的良好条件下，多多开展师生的文字交流。

三、经常开展讨论，学会口头表达

师生之间的文字交流固然是提高学生政治小论文写作能力的好方式，但这种方式由于需要政治老师的过量时间与精力，因而难以经常进行。而学生口头小短文的表达则可作出一定的弥补，并显现出老师当堂及时评价的优势。且课堂上进行口头作文可节约大量的时间。当然口头作文的缺点是，如果所出讨论题及学生练习不当，口头练习可能会演变为无效练习。口头作文可以由学生出题和老师出题。题目一般有一定的难度，即不经过思考往往难以答好。例如我们最近讨论的题目是"西方人与东方人的思维方式有何不同？这种不同会产生怎样的结果？为何会形成这种不同？""中国古人为何没有创造西方式的理性自然科学知识？""民主与科学会不会产生矛盾？如果产生矛盾，哪个应放在第一位？谁服从谁？""科学家的儿子是不是一定会成为科学家？"没有一定的沉思或"打腹稿"的本领，是很难答好这些题的。有时我们也以一段故事，让大家来谈看法。例如有这样一段故事："爱因斯坦在一次演讲时，听众问他：声音的速度为多少？爱因斯坦回答说：我不知道。听众很奇怪，一个伟大的物理学家竟连声音的速度是多少也不知道。爱因斯坦想了一会儿说：既然中学教科书上也可以找到答案，我干吗要去背呢？请问，爱因斯坦对他自己的'无知'所作的'狡辩'有道理吗？你对此事如何看？"当然，在学生对有些题目感到太难而难以作答时，可以转到一些相对容易的题上去。所以老师要准备很多的且多层次的题。有些题是小短文的直接标题，有些是问题，需要学生自己转为标题。当然，在教学的过程中，笔者也发现，不同的班级有着不同的兴趣，有的题在某些班讨论得很热烈，而另外的班并不感兴趣。这大概就要"因班出题"了。

有时，讨论的过程如果用文字记录下来也非常有趣。例如前不久，高一（9）班何某某同学提出一个问题："为什么地球是圆的？"经过同学们的热烈讨论，最后大家得出一个新结论："其实宇宙中的任何星体都是圆的。"当然，笔者由于孤陋寡闻，不知道自然科学家们是否也得出了这样的结论，但同学们得出这样的新结论显然是对他们自己的一种超越。并且，借同学们讨论"地球"之机，笔者讲解了科学抽象法推理（指马克思"科学研究"过程中的推理方法）与单纯归纳法推理实际上是不同的，前者的推理方法比后者科学得多。同学们"任何星体都是圆的"的推理方法显然比"任何天鹅都是白的"的归纳推理方法科学得多。而我国古人主流思维中恰恰缺乏前一推理方法。

几个月前，高三（10）班同学经过两节课的集体讨论，写出了题为《深圳高职院的招生应以职中学生为主要对象》的给深圳市市长的一封信。市长繁忙，能否给学生回信我不清楚，但我关心的是：学生借此机会能完整地表达自己的思想就达到了训练的目标。

另外，为了练习口头作文，笔者也尝试鼓励学生作即席演讲，但也许由于班级太大、人数太多，传统教育功利化思想太浓等原因，每次的组织都不很成功，达不到预想的目标。

四、抓住重大时机，练习表达思想

写政治小论文是一种高智而辛苦的思维活动，在学生繁重的知识学习的状况下，学生对政治小论文的写作常常表现出一种"思维惰性"。因此，为了在学生繁重的知识学习状况下使学生有效地进行小论文思维，还需要及时地抓住一些重大的时机，调动学生的表达激情。

例如，1999年4—5月，美国狂轰滥炸南联盟，并升级到轰炸我驻南联盟大使馆。我认为，应就此事件提高学生的爱国主义热情，培养学生的社会正义感，同时在客观上训练学生写小论文的能力。在我给学生作了"演讲"之后，我组织学生对这一事件进行了热烈的讨论。之后，我动员学生"笔伐"侵略者。学生们义愤填膺，写出了一篇篇感人的爱国之作。这些作品有《任何霸权主义阴谋都不会得逞》《狡辩难掩罪恶》《岂畏"霸主"！》《称霸野心，不能得逞》《不要打错了算盘！》《美国的"人道主义"是什么东西！》《这就是美国的"人权"！》《中国不能任人宰割》《中国人民是不好惹的》《中国已不是百年前的中国》《美国暴行，天怒人怨》《中国人民愤怒了！》等。并且在学校领导的支持下，我将学生的作品在学校公开栏目上登载出来，对学生进行了极大的鼓励。后来学校还将这些展示作品编辑成了《维护和平，反对霸权》的学生文集。这对学生提高思想认识、提高自信、开拓思维应是有帮助的。

1999年10月，我们班级到北京实习，我又抓住时机让学生们对社会实际进行思考。学生们写的《让我们出去走走》《漫谈创新》《交往·微笑·说话》《国旗在心中升起》《圆明园一瞥》《北京服装调查及其差异简析》《北京几家商场销量比较》《如何在实习中学会适应新的职业》《了解就业形势，做好充分准备》等文思维活跃，颇有自己的见解。后来学校还将这些作品编成了《走向社会，提高能力》的学生文集在校内交流。并与《维护和平，反对霸权》的学生文集一起在广东省的一次省级学术会议上展览。

五、老师参与"下水"，作出作文示范

"写作下水示范"是叶圣陶先生极力主张的作文教学方式之一。学生政治小论文的写作也需要老师的下水示范。因为很多学生并不知道政治小论文是怎么回事。老师的下水示范包括口头示范与笔头示范。在口头示范过程中，笔者常采用的方式是让3名学生任意出题，然后由我选一题来做。做的过程是：自己在讲台上思考五分钟，即凝结思维打腹稿，然后口述小短文。当然在实践中，有些班级只出一道题，顽皮地不让老师有所选择，但好在笔者运气尚佳，顺利地应对了学生们的"刁难"。而笔头示范则是在口头示范的基础上，用粉笔将小短文写到黑板上，或者直接打入讲台上的电脑中。当然，这种快速小论文通常篇幅较小，思考也难达到较深的程度，谈不上好水平。这样做的主要目的是告诉学生：老师不是神仙，对没有想过的问题不能"下笔成章"，老师写小论文前也必须思考，必须打腹稿。没有思考的过程是写不出小论文的，至少写不出好的小论文，写论文的关键是"写前之思"。这种教师下水写作应该说可以让学生直接看到老师的写作过程与方法，从而给学生一定的启示。学生们也十分可爱，在老师每次示范完毕之后常常报以热烈的掌声。笔者所作的即席笔头示范作品目前基本上都保留在学生教室的电脑中。

除了以上的尝试方法，笔者还采用过"默思训练"等方法，此处就不多说了。当然，好的政治小论文还涉及正确的世界观、价值观、人生观、科学精神、科学方法等很多因素。这些内容虽然也是政治小论文教学的重要任务，但很多问题还不能完全在一次或几次的政治小论文写作中加以解决。

2008年4月20日

注：这是笔者所在学校要求老师写教学经验总结论文时，笔者所写之文。后来不知什么时候学校将此文转交到了2008年全国论文评比中，并获

"教研成果"一等奖。

　　文中所采用的作文培训方法如师生笔头交流、鼓励学生口述、教师口头和笔头示范以及"默思训练"等方法实际上也是受了"文字与思维不同步之说"的启示，因而严格说，此文也是"文字与思维不同步之说"的续篇。

2019年2月19日

略谈作文的无意腹稿形式

笔者在《略谈中小学作文写作的几个问题》（《中学语文教学》1996年第12期）一文中曾提出"文字与思维不同步"现象造成了人们写作上的思维停顿，而写文章之前打腹稿是克服"文字与思维不同步"干扰的根本手段。在《略谈作文腹稿的三种形式》（《中学语文教学》1997年第9期）一文中，我们又从腹稿过程与文字表述过程的比较角度对腹稿的主要形式进行了探讨。然而在现实生活中，不少的人写出了较优秀的作文，但他们并没有感到自己打了腹稿。这应如何理解？我认为，他们实际上也打了腹稿，只不过由于各种原因自己没有意识到罢了。我把这种写作前打了腹稿，而自己又未意识到的腹稿形式称为"无意腹稿形式"。

一般说来，无意腹稿形式的产生，主要是作者在平时的日常生活中对某一问题、事件等思考过多，这种反复的思考使自己的语言记忆储存系统在无意中将大部分内容以语言的形式储存起来了。在作者写文章之际，语言记忆储存系统又自动将储存的语言重新释放出来。在中小学作文教学中常常会发现这样的现象：虽然某一学生从长时期来看，作文写得很差劲，然而其某一两篇却比较成功。在这里，无意腹稿起着非常重要的作用。

具体一点说，无意腹稿形式通常容易出现在下列情况中。

1. 简单腹稿形式的议论文

正如我们在以前的文中所说，有些议论文只需要非常简单的腹稿即可写成。因此，擅长此类文章者，一般难以感到腹稿的存在。他们往往感到了文章结构设计的重要性，查阅书籍或他人文章及收集资料或素材等的重要性。这虽无可非议，但认识上却存在着偏见性。因为简单腹稿形式的作品毕竟不能代表所有形式的作文。

2. 常用应用文

这种文章从表面看，通常都不用打腹稿。如写信、写通知、写退休报告、写病假条等往往根据事情的正式与非正式状况决定草稿与正稿的状况。专门为此而打艰苦的腹稿的现象实不多见。但实际上，写此类文时，往往是现实交流的需要事先已将要说的大致想好了。这种不是有意识地主动"想"，而是因为生活交流的需要而被迫"想"，正是无意腹稿形式的典型表现。有的老师主张学生要写生活中的"应用文"，在某种程度上说，实际上是指报告、通知类的文章。这无疑过于狭窄了。因为这类文章的练习很难使学生意识到腹稿思维或主动性思维的重要性。

3. 一部分议论文

议论文中出现无意腹稿的状况非常复杂，这主要是由议论文写作形式的多样化造成的。我们在以前的文中所列的三种腹稿形式中，记叙文只占一种，而议论文却把三种全占了。在简单腹稿、正常腹稿或介于这两者之间的半简单腹稿形式的议论文中，都容易产生无意腹稿形式。因此，介于不同文体写作的人往往会有不同的体会。一般说来，所议论的问题越复杂，打腹稿的程度越深，反之则浅。擅长分析复杂问题的人通常都会感到腹稿的重要性。在现行的写作经验介绍文中，最强调腹稿重要性的好像是社会经济学界，这无疑与社会经济问题的复杂性密切相关。

4. 各种形式的记叙文

记叙文中很容易产生无意腹稿形式，这主要是因为记叙文的腹稿夹杂着大量的形象思维。这种思维通常是现实生活表象的再现。虽然这种思维的本质仍然是语言思维，但思维中所夹杂的生活表象的夺目光辉很容易掩盖腹稿的存在。因此，擅长此类文章的作者大多强调"生活体验""仔细观察"等的重要性。这虽无可非议，但看法仍然失之偏颇。前不久，笔者在我们学校班车上听到一名小学六年级学生在谈作文时说道："老师老叫我们观察、观察、观察，真是烦死了！"观察虽为写作成功的重要因素，但并不是决定性的因素。对于写作来说，单纯的观察实际上是远远不够的（单纯的体验也是一样）。写作中缺乏主动性思维或腹稿思维，一切重要因素都无法串联起来。

5. 分段腹稿形式的记叙文与议论文

此类文章也是无意腹稿产生的源地之一。当然，此类文章的讨论与前面有重叠之处，只是观察角度不同而已。

从作文的文字书写的连贯性来看，很多记叙文与议论文还可分为整体腹稿形式作品与分段或间歇腹稿形式作品。所谓整体腹稿形式是指作者动笔之前已反复把文章在头脑中全"写"完了。因而正式动笔之际可以不停顿地一口气将文章全写出来。而分段或间歇腹稿形式则是为了减少语言记忆储存过程的辛苦（因为记忆自己的原始思维之作是一种很耗神的运动，这也是文字表达难于口头表达的关键之处），作者在头脑中"写"出大概或主要内容后就动笔写作。待写完毕后，重新阅读并引起新的思考，在原来初稿的基础上将文章反复修改。由于修改文章过程中的思维带有间歇性，作者往往也难意识到腹稿的存在。他们往往认为，"修改"是作文最重要的因素。甚至他们中有的人还会认为："好文章都是改出来的。"这种认识虽有其道理，但也有偏见。因为采用整体腹稿形式一次成文或成文后仅作少许修改的优秀作品实际上大量存在。况且分段或间歇腹稿形式对一些较复杂问题的分析常常表现出严重的局限性，包括写作认识上的片面性。

应该说，无意腹稿形式很难出现在双重腹稿形式的议论文中。因为双重腹稿形式是一种意识性异常强烈的整体腹稿形式。若不采取完全的有意性或主动性，这种腹稿就无法打下去。

另外，在现实生活中，还有一种非常微妙、从表面看像无意腹稿，但实质却是有意腹稿的特殊形式。持这种腹稿形式的人，从本质上说，写作中完全采用了有意性思维。他们的写作早已达到了很高的境界。然而从概念上看，他们却不认为自己打了腹稿，而是认为"进行了思维"。因此，他们特别强调"思维在写作中的重要性"。他们由于个人悟性非常高，很早就进入了二级语言表达阶段。因而没有机会去品尝别人思维的滋味，从而产生了一种错觉，以为别人的思维与他们自己的思维在性质上是完全相同的。他们认为，人的思维只有形式上的区别，而没有本质上的区别。显然，他们把腹稿与思维两个概念混淆了。而事实上，人的思维存在着主动性思维与被动性思维之别。所谓主动性思维就是指"腹稿"或"腹稿思维"，它是在"后天"的学习、训练中形成的。而被动性思维则是指人的"自然思维"，这种思维是"天生"的。只要一个人出生后不像"印度狼孩"一样脱离社会而生活，不久就会产生"自然思维"。这种思维在柴米油盐的日常生活的交流中与腹稿思维无异，只是在分析较复杂一点的问题时，它们的区别就立刻显现出来了。或者说，在写文章尤其是写分析性文章的时候，它们的区别就非常明显了。

因此，从实质上说，探索写作的腹稿形式就是探索人的主动性思维方式，而不是"自然思维"或一般意义上的思维方式。在语文的课文教学中也是一样。如果不去探索作者的腹稿形式，就很难准确地把握其思维过程。尤其在一些理论色彩较浓的课文中更是如此。

应该说，无意腹稿形式在学生写作中占有很重要的地位。学生作文中出现无意腹稿的较成功之作，往往可能导致两种截然不同的结局。乐观的结局是学生从无意腹稿中意识到了写作的真谛，即意识到了"作文就是将自己的想或说写下来"，或说意识到了写作中主动性思维——腹稿的重要性，学生则可能逐渐地走向写作的成功之路。相反，若没有意识到这一点，学生又可能回到原来的老路上去。

事实上，在现在的学生中，采用无意腹稿形式写出了较好作文的现象还是具有一定的代表性的。甚至有的老师都不得不怀疑："他们的作文是不是抄来的？"

在某种意义上讲，无意腹稿是写作成功的前奏。然而究竟能否成功，则有待于学生自己的体验与总结，老师无法代替学生的体验。但是，如果老师能及时发现学生作文中无意腹稿的精华之处，善加引导，使学生从中认识到主动性思维在写作中的决定性作用，则可能使学生真正走向写作的成功之路。

写于1998年

注：此文是"文字与思维不同步之说"的另一个续篇。

2020年10月7日

作文打腹稿浅谈

为什么很多能说会道的人在其文字表达中表现为思维不流畅、缺乏逻辑性呢？我认为，这与会不会打腹稿有很大关系。

一、打腹稿的重要性

写文章与口头表达实际上存在着区别。语言表达与文字表达的运动规律大致如下：

1. 语言表达规律：

同步运动

思维活动 ⇨ 语言表达（作报告、演讲的语言表达不在此列）

2. 文字表达规律：

同步运动

思维活动 ⇨ 语言表达 ⇨ 记忆储存 ⇨ 记忆重现 ⇨ 文字表达（记录）

文字表达实际上要经过头脑中的"语言记忆储存系统"的处理，它比语言表达要复杂得多。而利用语言储存系统的思维过程就是打腹稿。如果从通俗的角度说，写作前所进行的思维过程就是打腹稿。有时，我们也把它叫做"腹稿思维"，以与人"天生"所具有的"自然思维"相对立。

很多的写作名家写文章都要打腹稿的。例如，鲁迅先生写文章前要"凝思默想"，这个"凝思默想"实际上就是打腹稿。大教育家叶圣陶先生也是打腹稿的，他很多次说道，写文章时必须"想清楚了再写"。毫无疑问，写前"想清楚"实际上就是打腹稿。还有不少的写作高手直接说明了打腹稿的重要性。例如，王尊政老师就曾说："腹稿的有无和是否成熟，决定着行文的速度和文章的成败。"可以说，很多的写作名家与高手之所以成功，主要原因并不在于写作本身，而在于"写作之前"或"写作之外"的符合实际的"凝思默想"的工夫。因此，要想用文字表达出自己独有的思维，首先必须学会"打腹稿"。

二、打腹稿的形式

打腹稿的形式很多。如果从腹稿的思维过程与文字表达过程的比较角度来看，大致可分为三种。

1. 简单腹稿思维

这种思维的特点是思维过程短于文字表达的过程。如一篇三千字的文章，也许只要打几百字或几十个字的腹稿就够了。这种腹稿形式一般用于引用了大量资料、数据、表格或他人之文的论文中。写这类论文时，主要任务是抄写资料及在各种资料间加上合适的过渡句等。这类论文要写得好，关键在于引用的材料要新颖。

2. 正常腹稿思维

这种思维的特点是思维过程与文字表达过程大致相近。我们现在语文课上所学的议论文写作基本上属于这种类型。这是一种用途最广的类型。用这种方式所写的很多论文从表面上看，给人的感觉好像没有打腹稿，其实却打了。只不过有些人没有从理性上总结，没有意识到而已。当然，这种腹稿思维方式的花样特别多。

3. 双重腹稿思维

这种思维的特点是思维过程远长于文字表达的过程。因为很多实际问题包括教学问题太过于复杂，如果不采用这种完全的整体思维方式，则很难说清楚。

双重腹稿思维的大致方法是这样的：在懂得正常腹稿思维的基础上，敏锐地发现问题。发现问题以后，不能就此罢手，还必须进一步寻找问题产生的根源。由于复杂问题的产生往往有很多原因，这时就必须将次要原因或次要矛盾排除，找到根本原因或抓住最主要的矛盾。到这时，第一轮思维探讨就完成了。但是，这时还不能写作。问题比较复杂，直言叙述讲不清楚，还必须打第二次腹稿，也就是寻找合适的表达方式。

那么第二次腹稿怎么打呢？一般是把第一次腹稿的思维过程颠倒过来，先从最主要的"根源"谈起，再一步一步地回到现实问题上来。这时，来龙去脉就讲清楚了。如果用文字表达，就以第二轮的思维过程为准，而第一轮的思维过程在写作中就把它略掉。

载于《湖南教苑报》2000年6月30日

注：此文是笔者1998年在行知学校给全校老师介绍"文字与思维不同步之说"时所写讲稿中的部分内容。它与以前发表过的文章的不同之处在于反复渲染了"腹稿思维"这一名词——我个人创造的新名词，并给"腹稿思维"下了一个定义。这也是为想写《略谈两种不同结构的思维》一文作铺垫。

博客在学生写作教学中具有重要的作用

  作为一名教师，我一直密切关注着提高学生写作能力的各种方法，而这几天当我进入博客时，我又有了一个"新发现"（当然别人也许早就发现了），即可以利用博客写作来提高学生的写作能力。

  自1996年3月我写完《略谈中小学作文教学的几个问题》（《中学语文教学》1996年第12期）一文以来，我就一直认为，文字交流与口头交流是不同的，一般性的口头交流只是练习了学生的"自然思维"，而这种思维本是人天生所具有的，用不着专门训练（某些复杂问题的讨论另当别论）。而文字交流则练习了学生的"腹稿思维"，这是人后天学习所产生的思维。这种思维是提高人的素质极为重要的因素。而博客恰巧可以起到这个作用。博客一方面可以与人进行文字交流，另一方面可以让学生在博客上写短文。写短文前，先思考几分钟或十几分钟，再动笔写作。例如笔者此文就是先思考了几分钟，然后在博客上直接写作。

  我想，让每个学生都注册一个博客，主要与老师和其他同学交流。如果感兴趣要与学校之外的人交流，也不是坏事，或许还是好事，因为这有可能更加扩大眼界。甚至老师对学生作文的看法和意见也可以直接在博客上交流。而且外界还有很多写作高手，说不定这些高手兴趣一来也会参与对作文的评价。这种有趣的方式可能会极大地提高学生写作的兴趣。如果其他网友没有反对意见的话，我恐怕在教学中真要用这种方法来教学生写作了。

  我曾经提出过用口头训练（这种方式别人也提出过）、录音训练（我创造并实验过的独特方法）、电脑训练（我设想但未实验的方法）等方式来提高学生的写作能力，今日再加上一个"博客训练"。而且在我看来是一种极为美妙的训练方式。

当然，尽管我很向往这种教学方式，但今年却不能实行，因为今年我担任了高三学生的教学，而这些学生是要高考的。我们知道，升学考试主要是考记忆，而不是考思维。提高学生的写作能力恐怕会误了学生的前途。等我教完这届学生而担任下届高一或高二学生教学时，我一定要尝试这种方法。当然，实践过程中可能又会出现新问题，但那是后话，不试怎么知道会不好？先"摸着石头过河"肯定没错。

今天我特别高兴，因为我感到自己发现了一种新的作文教学训练方式。

2009年10月10日

博客中的部分对话

傲雪寒梅（2009-10-11）：

想法很好，如果通过写博文来提高作文，就要去浏览别的博文，但高三学习时间很紧张，学生恐怕没那么多时间上网。

牛湘坤回复傲雪寒梅（2009-10-12）：

你的看法我认为很正确，所以我一段时间内还不能尝试这种方法，谢谢寒梅女士的指教！

冯秀成（2009-10-12）：

牛老师，学习了！我今年9月份参加了教育实习，也是讲授高中思想政治课。实习之前特意办了教学博客，尝试和学生进行文字交流。但由于是农村高中，条件有限，再加上学生们繁重的学习任务，结果还是没有实现我的预期设想。您在深圳市，条件具备了，非常期待看到您利用博客作为载体进行教学交流的成效。

简谈作文的模仿

学生学习写作要不要模仿？如何模仿？长期以来，教育界的意见始终不统一。笔者反对单纯的作文文字模仿，而主张模仿文章的实质。下面我们对这个问题作一粗浅的讨论，以求教于同仁。

一、主张作文模仿的缘由

教育界很多老师主张学生写作应该多模仿范文，这当然有它的原因：

第一，人类很多的技能都是靠模仿而来。后代往往模仿前辈，儿童往往模仿成人。可以说，没有模仿，就没有人类的今天，就没有人类的进步，就没有人类的现代文明。人类从模仿中学来的技能在日常生活中所占的比例实在是太大了，以至于没有人敢轻视模仿的作用。人类骑单车、打球、游泳、开车、画画、唱歌等本事的掌握，最开始都必须经过模仿的过程，缺乏模仿过程是不可能学会这些本领的。当然，某些生理上的天资在此不加以讨论。正因为如此，很多老师主张学生写作文也必须模仿，是可以理解的。

第二，人类的语言也是靠模仿而来。语言是人类之所以成为人、脱离开普通动物界的一个重要标志。语言的出现是高智力的表现，然而，这种高智力的本领也必须靠模仿获得。幼儿语言完全是靠模仿父母及其周围的人而获得的。"印度狼孩"由于脱离人类环境而错过语言最佳模仿期变成了实质上的低智动物。我们最初的祖先获得语言技能则主要是处于劳动交流的需要而模仿自然界的声音，因此一些心理学家主张父母应在孩子出生后就多对他们讲话，以提高孩子的智力或思维能力，这应该说有道理。虽然语言并不等于思维，但它们相辅相成的作用是众所周知的。高智力的技能也必须靠模仿获得，因而主张学生写作也应模仿的观点就在情理之中了。

第三，文字的掌握也要靠模仿。虽然一些优秀作家写出的作品所表现的文字功夫让人感到高不可攀，但他们对文字的掌握也是靠模仿而来。不模仿，就永远是文盲。笔者曾当过小学二年级的语文教师，让学生照着自己的笔画写字，实际上就是让学生模仿。事实上，高中学生学习文字也必须模仿。1990年，笔者到美国纽约赫石汀中学交流时，发现高二学生有一本专门的词汇学（*Vocabularies*）。它的编写结构很简单：一个单词，然后一个含该单词的句子。这些单词在日常口语中较少用，即在一般性的日常生活中很难有机会模仿，但在文字表达中却常用，有点类似于托福、GRE单词。这种让学生扩大词汇的学习方式与我国词汇学习理论中所说的"字不离句，句不离文"的学习方式是不同的。他们的词汇扩大学习方式是"字不离句，但句却离文"。其实仔细分析，这种方式应该说是符合教学规律的。因为文字的学习方式主要靠模仿，而不是"领悟"，即认识上的飞跃。

最近，笔者看到某些小学在尝试"集中识字"的新方法，笔者以为这是很有创意的。

而学习作文与学习一般技能及语言、文字的方法是不同的，如果单纯的模仿或不明目的的盲目模仿，其最终的结果是费力不讨好。花了大量的时间和精力，老师和学生都疲惫不堪，但学生却进展甚微。虽然有的学生在盲目的模仿中也能成功，但他们主要靠的是自己的反复总结与领悟，而不是靠老师的"教导有方"。

二、关于作文的本质

作文是语言吗？作文是文字吗？在初学作文的时候，人们也许把作文、语言、文字看作是相等物。但是，当一个人的作文写作达到了一定的程度以后，他就会发现，作文其实不是写语言，也不是写文字，而是写思维。只不过因为语言是思维的两大表现形式之一（另一表现形式是形象），讲话时的思维必须以语言表现出来。思维与语言的关系颇有点类似经济学上的价值与价格的关系，一个是内核，一个是外在表现形式，它们本来就不可分割，因而人们很容易误认为作文就是写语言。很多学生甚至一些老师都以为只要把那些名作家的语言抄袭、引用或变通过来就可以写出好文章，殊不知这些名作家优美语言的背后是优美的思维。单纯模仿和抄袭他们优美的语言而不明白他们的思维实质，最多只能达到"形似"的程度，而无法达到"神似"的目的。而"形似"的作文毕竟是一种没有多少用处的东西，应付考试也许勉强能过得去，要真想解决什么实际问题，或想给他人以某种启示，即想对社会贡献点什么，是绝不可能的。我们教学生写作文是让学生实用，即"神似"，因而只有让学生明白和体会到写作的本质才算是基本达到目标，才真正达到或接近了我国这一方面的教育目的。

至于作文中的文字，在本质上更不与作文相等，它只是记录反映了思维的语言的工具，它的作用是"记录"，而不是"思维"。很多人如张志公先生都曾论述过这个问题。不会写作的人很难领会文字在作文中的"记录"作用。虽然会写作文必须以一定量的文字掌握为前提，但文字掌握量的多少并不一定与作文质量的高低成正比。我们只能主张文字掌握的数量越多越好。若学生未了解作文的"奥妙"，即未懂得文字在作文中的"记录"作用，即使掌握的文字量大，或进入了高中或大学，也未必能写出新颖的高质量的作文。

因此，使学生领会写作本质是作文教学的重要任务与难题。单纯的抄袭和模仿学生很难达到有意识"领悟"的目的。或者说，这最多只能使部分学生在无意中达到领悟的程度。

三、某些教学方法的尝试

必须承认，让学生达到明确写作本质的目标，或达到"神似"的目的，是非常困难的，这主要是要让学生的认识产生一定的飞跃，即一些学者所说的"领悟""渐悟"或"顿悟"。

笔者自己在教学生写作的实践中曾尝试过采用多种方法，试图让学生

"渐悟"或"顿悟"。

下面提出几种尝试过的方法供老师们参考。

1. 下水示范

下水示范是叶圣陶先生极力主张的作文教学方式之一。这种示范的目的也是让学生"模仿"。但是，它不是让学生单纯地模仿作文的文字或结果，即一篇写完了的现成文章，而是让学生模仿写作的过程。下水示范包括口头示范与笔头示范。在口头示范过程中，笔者常采用的方式是让3名学生任意出题，然后由自己选一题来做。做的过程是：自己在讲台上思考5～10分钟，即凝结思维打腹稿，然后口述作文。若时间充足，再用粉笔将作文写到黑板上。当然，这种快速作文通常篇幅较小，思考也难达到较深的程度，谈不上好水平。这样做的主要目的是告诉学生：老师对没有想过的问题不能"下笔成章"，老师写作前也必须思考，必须打腹稿。没有思考的过程是写不出作文的，至少写不出好作文，写作的关键是"写前之思"。

笔者也从最新的报刊上找了很多精彩的小短文给学生作"模仿"范文，并力图复现作者的写作过程，以使学生明白写作的基本规律。

我们之所以反对单纯的作文模仿，是因为现成的作文在学生面前往往只反映了作文的文字结果，而没有反映作者的思考过程。谁都知道鲁迅作文语言的铿锵有力，可鲁迅在其小屋内作文时的"凝思默想"的过程或情景是其他人都看不到的。

2. 默思训练

所谓默思训练是指让学生先静静地思考，然后将思考内容用文字写出来。例如，我曾出了一道问答题："科学家的儿子一定会是科学家，对不对？为什么？"我不让学生急于用口答，而在自己心中答，在心中说出理由。当学生认为在心中有足够的理由说服我的时候，再用文字将自己想的写出来。在我大致阅看后，学生再自行命题，改成一篇较正规的作文。借助于我的帮助，有的同学将其命为《好的遗传因子并不是形成人才的根本原因》《社会因素在成才中的作用》《教育在成才中起着决定性的作用》《自我有意磨练是健康成长的良好方法》等。

默思训练的目的是让学生以实践体验的方式明白"先思而后写"的作文方法。

笔者在以前的论文中还提出过"录音训练"的设想，在全校老师的讲座上提出过"电脑训练写作"的设想，其意图也是如此。

3. 善抓时机

天天写作文，时时写作文，并不一定能使学生写作水平显著提高。因为作文毕竟是一种高智活动。要想写出好的作文来实际上是非常辛苦的。因此我以为要练写作就要练出效果来，多而不精会浪费时间和精力，容易产生思维疲怠现象。当然，学生自己的"随笔"不在此列。抓住一些难以遇到的重要时机对于训练学生的写作是很有帮助的。

1999年4—5月，美国狂轰滥炸南联盟，并升级到轰炸我驻南联盟大使馆。我认为，应就此事件提高学生的爱国主义热情，培养学生的社会正义感，同时在客观上训练学生写小论文的能力。在我给学生作了"演讲"之后，我组织学生对这一事件进行了热烈的讨论。之后，我动员学生"笔伐"侵略者。学生们义愤填膺，写出了一篇篇感人的爱国之作。这些作品有《任何霸权主义阴谋都不会得逞》《狡辩难掩罪恶》《岂畏"霸主"！》《克林顿：你有儿女吗？》《称霸野心，不能得逞》《不要打错了算盘！》《美国的"人道主义"是什么东西！》《这就是美国的"人权"！》《中国不能任人宰割》《中国人民是不好惹的》《中国已不是百年前的中国》《美国暴行，天怒人怨》《中国人民愤怒了！》等。并且在学校领导的支持下，我将学生的作品在学校公开栏目上登载出来，对学生进行了极大的鼓励。后来学校还将这些展示作品编辑成了《维护和平，反对霸权》的学生文集。这对学生提高思想认识、提高自信、开拓思维应是有帮助的。

1999年10月，我们班级到北京实习，我又抓住时机让学生们对社会实际进行思考。学生们写的《让我们出去走走》《漫谈创新》《交往·微笑·说话》《国旗在心中升起》《圆明园一瞥》《北京服装调查及其差异简析》

《北京几家商场水果价格差异的原因探讨》《北京几家商场销量比较》《如何在实习中学会适应新的职业》《了解就业形势，做好充分准备》等文思维活跃，颇有自己的见解。后来学校还将这些作品编成了《走向社会，提高能力》的学生文集在校内交流。并与《维护和平，反对霸权》的学生文集一起在广东省的一次省级学术会议上展览。

在作文教学中，我认为，"模仿"文章的实质，领会文章真谛，是作文教学的要义。如何透过文章语言文字的表面，而不是在语言文字本身上纠缠是作文教学的难点。

当然，好的作文还涉及正确的世界观、价值观、人生观、科学精神、科学方法等很多因素。这些内容虽也是作文教学的重要任务，但很多问题还不能完全在作文课上解决。

写于2000年

注：上文实际上还是"文字与思维不同步之说"的续篇。另外，由于此文一直未投稿，因此后来在写《提高学生政治小论文写作能力的几手中尝试》一文时，将此文中第三部分中的部分内容移到了后文中。

2020年10月8日星期四

略谈两种不同结构的思维

人们在日常生活的语言交流中所采用的思维方式与人们大部分情况下写文章时所采用的思维方式实际上是不同的。对于这一点，很多老师其实早就感觉到了。例如，有的老师就提出了"写作思维"的概念，还有的老师提出了"内部语言"的概念。我们认为，这种感觉是对的。然而，这两种思维的内部结构究竟是怎样的？它们有何异同？它们是如何形成的？它们形成的决定性因素是什么？本文试对这些问题作一理论上的粗浅探讨，以便于人们根据一定的思维规律对思维及写作教学采取相应对策。由于本文是我以前所写《略谈中小学作文写作的几个问题》《略谈作文腹稿的三种形式》以及《作文打腹稿浅谈》三文的续篇，故此我的叙述就从以前的文章开始。

一、自然思维与腹稿思维

我的第一篇文章曾对语言表达思维的过程、文字表达思维的过程及二级语言表达思维的过程列了三个"模型"。由于第二、第三个模型的实质相同，因而在此文开始之际，我们就只列出两个模型：

1. 语言表达思维的过程：

同步活动

思维活动 $\Rightarrow$ （初级）语言表达

（自然思维）

2. 文字与二级语言表达思维的过程：

（上面两个模型曾在《中学语文教学》刊物上公布了）

我们把初级语言表达时所产生的思维活动叫做自然思维，把文字及二级语言表达过程中所产生的思维活动叫做腹稿思维。从上面两个模型中可以看出，两种思维的结构是不同的。"文字表达实际上要经过头脑中的'语言记忆储存系统'的处理，它比语言表达要复杂得多。而利用语言储存系统的思维过程就是打腹稿。如果从通俗的角度说，写作前所进行的思维过程就是打腹稿。有时，我们也把它叫做'腹稿思维'，以与人'天生'所具有的'自然思维'相对立。"（见《作文打腹稿浅谈》，《湖南教苑报》2000年6月30日）

在实际的教学中，我们常发现，学生在一种轻松自然状况下所作的语言表达通常较流畅，但在正式的文字表达中却没有语言表达那么流畅生动。我们认为，这是因为学生主要使用自然思维方式，而不懂得或不太懂得使用难度较大的腹稿思维方式。

以上两种思维的最大区别是：是否利用了语言记忆储存系统。当然，以上模型只是为了分析方便而在理论上所作的一种抽象。在实际生活中，并非绝对如此。自然思维者对自己的思维活动或语言表达也能记住一些内容，只不过记得少而忘得多罢了。腹稿思维者对自己的思维活动也并非全能记住。即使是非常高明的写作能手也常出现遗忘现象。例如，大作家金圣叹就曾说："饭前思得一文未及作，饭后作之，则为另一文，而前文已不可得。"然而，尽管如此，腹稿思维者毕竟是忘得少而记得多。

在这里，我们还必须对"腹稿"概念进行"正义"，因为人们对"腹稿"的误解实在是太深了。"腹稿"一词原是中国古人创造的，国外并没有"腹稿"的说法。一千多年前的唐朝时期，人们把王勃的写作方法称为"打腹稿"。毫无疑问，在我们以前的文中，"腹稿"一词帮了我们很大的忙，使我们的叙述过程简化了。如果要创造一个类似于"腹稿"的新名词，叙述上的困难无疑要增加很多。就这一方面说，我们必须感谢祖先。然而，由于我们祖先认识上的局限性，没有领会到腹稿内部的运行结构，因而"腹稿"一词并没有完全表达出我们的真正含义。例如，现行的词典都采用了前人的说法："腹稿是已经想好但还没有写出的文稿。"然而实际上，腹稿并不是"文稿"，而是"思维"，是为了排除文字干扰而进行的一种强化语言的思维。正是为了区别过去的腹稿定义，我在本文条件成熟的情况下使用了"腹稿思维"这一新名词。因此必须说明，在我们以前所有文中出现的"腹稿"一词实际上都是指腹稿思维。

当然，"写作思维"一词阅读起来，妙不可言。但从词面上看，"写作思维"是指写作时所采用的思维。这无疑与"腹稿思维"有区别。因为腹稿思维主要是指"二级语言表达阶段"上的思维，而现实中并不是所有的文章写作都必须采用这种思维的。我们在以前文章中所说的"简单腹稿形式"作品就不必采用这种思维。另外，腹稿思维还包括了"二级语言表达"如演讲、报告等状况下的思维，而"写作思维"没有包括。再者，从文字上看，"腹稿思维"由于含有前人的、已被人们普遍接受的部分传统思想，因而在时间含义上人们似乎更明确。基于上述原因，我们没有采用"写作思维"这一美妙的名词。当然，我们还是把它作为"腹稿思维"的同义词看待。

二、两种思维的异同

自然思维与腹稿思维都是思维，因而具有思维的共性或相同点。这主要表现在下面两个方面：

（1）思维的本质相同，即它们都是客观事物在头脑中的反映。

（2）思维的逻辑性相同，即它们都具有思维的连贯性、层次性与一定的完整性。（错误逻辑也是逻辑，它不等于没有逻辑。）

正是由于自然思维与腹稿思维具有思维上的共同性或相同点，因而在现实生活中人们就常常混淆了这两种思维。而由这两种思维的共性所导致的很多矛盾也常常成为生活中的一些不解之谜。如一些入学前的小孩或未受过教育的人说出一些逻辑性、修辞性很强的"惊人之语"后，人们就误以为他是"神童"等。其实这是人的自然思维在起作用。

然而，由于这两种思维在与语言同步运动的结构上存在着差异，强化语言的功能大不一样，因而引起了一系列不同的思维效果：

1. 思维的持续时间不同

自然思维由于思维过程中没有强化语言，因而思维过程中的遗忘率非常高，往往是想了后面忘记前面，想了前面又忘记后面。思维持续时间一般较短。

而腹稿思维则不同。该种思维由于强化了语言，遗忘率较低，因而思维的持续时间非常长。事实上，有些科学家、哲学家的腹稿思维时间可持续一二十年，甚至更长。这种状况是自然思维者根本无法比拟的。

2. 思维的深度和广度不同

正因为腹稿思维持续时间长，因而能从容地从多方面思考问题。一个角度长期想不通，又可转到另一个角度。而自然思维遗忘率高，思维持续时间短，遇到难题不得不退缩，因而很难达到一定的深度和广度，思考问题也不得不浮于表面。历史上的"神童"虽多，但能发现类似于"万有引力"的"神童"则绝对没有，因为作出科学发现的思维必须是一种具有深度和广度的思维。以前人们认为，"科学发现"是人的特别好的运气导致的，人们常说青霉素的发现者运气好。然而现代科学研究表明："科学发现"不是运气而是思维导致的，是一种哲学思维运动所导致的结果。哲学思维必须建立在腹稿思维的基础上，或者说哲学思维本身就是一种高级的腹稿思维。因为哲学思维是一种从多方面看问题的思维，它必须要一种在时间上能持续工作的思维作基础。

3. 思维的集中程度不同

腹稿思维在强化语言、排除文字干扰的同时，实际上在客观上也将外界杂乱的干扰排除了，因而思维的时候注意力特别集中，这时候的思维或思考也可称为"沉思"。很多的著名科学家做出一些莫名其妙的荒谬之事（如将钟表当鸡蛋去煮），实在是他们思维中过长时间强化语言的结果。毫无疑问，这种思维注意力集中的程度也是自然思维望尘莫及的。

4. 思维的表现形式不同

自然思维的表现形式是单纯的初级语言。在一般的社会交往中，它大多以有声方式表现，当然也能以无声方式表现。腹稿思维的表现形式是强化了的初级语言表达，它大多以无声方式表现，当然也能以有声方式表现。我们认为，一些人提出的"内部语言"实际上就是指强化了的（初级）语言表达，或说进行腹稿思维时的无声语言，只不过没有看到语言的强化性罢了。

5. 思维的辛苦度不同

自然思维由于没有有意利用语言储存系统，没有有意记忆自己的思维过程，因此，这种思维实际上是令人感到轻松的。人们闲聊时一般不会感到思维辛苦。但腹稿思维由于有意利用了自己的记忆，因而思维起来非常辛苦。人们常说"思维有惰性"，其实，"惰性"只发生在腹稿思维中，而不会发生在自然思维中。即使对于会写文章的人来说，若非感到非常必要，一般也不愿动笔写作的，这就是"腹稿思维惰性"在作怪。当然，擅长腹稿思维者也相对容易将闲聊的内容用作写作材料。

综合两种思维的异同，我们也主张培养学生的思维，但我们主要不是指培养思维的逻辑性，因为学生的思维本来就有逻辑。我们认为，培养思维的主要任务是改变学生的思维结构或模型，使学生具有强化自己语言的思维能力，从而达到思维"长度、深度、广度与聚度"的目标。通俗地说，就是培养学生的腹稿思维能力。

至于在腹稿思维基础上想使思维过程进一步科学化，则与学习哲学或科学的方法论等问题有关。但这暂不在本文讨论范围之内。

三、两种思维的历史演变

两种思维是如何形成的？它们形成的决定性因素是什么？这有必要从历史的角度来考察。

在远古时期，人类产生了语言。而语言的产生实际上标志着人类（自然）思维的形成，因为语言和思维是同步运动的。有语言，则必有思维。所谓"必有思维"即指思维具有逻辑性。在今天，如果想调查世界上其他动物是否有思维，只要看它们是否有语言就足够了。在此，低一级的形象思维暂不属于我们的讨论范围，因为"任何高级思维总是和语言相连的"（于漪老师文中之语）。现今三四岁小孩的语言非常发达，因而得出他们具有逻辑思维的结论丝毫不奇怪。

然而，在语言基础上产生的思维仅仅是自然思维，是一种结构模型简单的思维。这种思维的"长度、深度、广度与聚度"存在着先天的不足，因而不可能具有创造性，当然主要是指理论上、科学上的创造性。"石斧"之类的简单技术发明不在此列。

随着自然思维时代的漫长演变，四五千年前，具有划时代意义的文字诞生了。文字的诞生，并不仅仅是语言符号的出现，也不仅仅是人们的视野变得开阔，它实际上使人类的思维出现了性质上或结构上的变革和飞跃，使人类从漫长的自然思维时代跨入了腹稿思维时代。这是人类思维史上的一次重大的质变。当人们能用文字表达自己思维的时候，腹稿思维就正式形成了。当人们将腹稿思维重新用到语言表达中时，"二级语言表达"也形成了。这就是自然思维到腹稿思维，语言表达到文字表达再到二级语言表达大致的历史演变过程。如果说语言的产生对人类自然思维的形成具有决定性的影响的话，那么文字的产生则对人类腹稿思维的形成具有决定性的影响。

然而，腹稿思维毕竟是一种结构上远比自然思维复杂得多的思维。尽管人类已经进入了腹稿思维时代，但并不是每一个人都具有这种思维的，甚至大部分人不具有这种思维。这就如同结构复杂的资本主义生产关系确立后的相当长的时期内，大部分地区仍处于封建庄园制下一样，虽然这一比喻也许并不恰当。

自然思维是一种不需经过专门教育或训练就能形成的思维。一个人只要生下来不像"印度狼孩"一样脱离社会而生活，不久就会形成这种思维。但腹稿思维却是后天形成的。掌握文字的书写是最基本的条件，但如果文字仅用于抄袭、模仿、记录日常事务或当作其他帮助记忆的挂历等来使用，腹稿思维是形成不了的。它只有用来记录自己思维的时候才能促使腹稿思维的形成。因此，领悟"文字记录自己思维"的功能，或认识"文字表达自己思维"的实质是帮助人们跨过自然思维而进入腹稿思维的桥梁。

当然，知识的数量与思维的潜在空间成正比，但在实际的运用中并不与思维的现实能力成正比。或者说，在不考虑其他因素的状况下，知识的运用与腹稿思维成正比，但并不与自然思维成正比。因此，一个人要想灵活地、广泛地运用自己所学的知识，必须以掌握腹稿思维方式为前提。"读书破万卷，下笔如有神"可能只适合杜甫这种悟性高的人。若悟性不高，掌握不了腹稿思维，"破万卷"后的结果也许只能成为国外的"两脚柜"先生，或成为一本"人脑词典"。一些知识渊博的大学生写不出像样的文章之事应该引起警觉。我们不反对教给学生丰富的知识，但我们更主张以科学的教学方式产生"人为的领悟"（"领悟"指思维认识上的飞跃），以缩短那些不必需要浪费的漫长时间。况且，若不具备腹稿思维能力，在其他知识如阅读效率等方面的学习中也会走许多弯路。

会写文章，尤其是哲学水平较高的人，读书速度远比一般人要快，如马克思读书的速度极快，这主要是因为这些人读书所追求的常常是文章的思想和意义，而不是文章中的语句。因此，学生若不能达到腹稿思维水平，实际上读书的效率也不会很高。

我们在理论上区分人的自然思维与腹稿思维的模型或结构，明确它们的相同作用与不同作用，了解它们的形成过程及形成过程中的决定性因素，主要是探究思维的运动规律，从而寻找教育教学中的有效方法。如我曾提出的关于写作培训的录音训练方法、鼓励口头表述的方法等（以前的文章曾述），就是基于上述理论分析，使学生产生"人为领悟"的。

注：为什么要创造"自然思维"与"腹稿思维"两个概念？因为在进一步的论述中若无这两个名词，分析起来很不方便。例如我在写《小议理论创新的步骤与条件》等文时，就感到很不方便。

另外，生活中的很多问题并没有机会都写于文中，这需要在某种特殊场合且有必要时才去写。例如，我曾口头上说，目前的高考主要是考记忆、考理解、考知识、考用功，而不是考思维（腹稿思维）。那么，学生在考场中是不是就真的没进行思维呢？当然不是，学生理所当然地进行了思维，只不过这种思维属于自然思维，是人天生所具有的。

此文是"文字与思维不同步之说"的另一个续篇。

初稿于2001年底，2019年3月22日星期五稍作修改

学生作文应提倡写"积极的真话"

"学生作文应写真话"，这几乎是老师们的共识。然而我认为，单纯写真话，并非水平高的表现，而写出"积极的真话"才是艰难的。

在此我先列出一位高一新生作文中的某句话："我非常敬佩我们班的×××，有一次他和外校学生打架，他一个人打倒了对方三个。真有英雄气概！"当然，我没给这位学生的作文打高分。我在班上解释的理由是：这位学生确实讲了真话，所述事件也是真实可信的。然而，如果将这些真话发表到校栏里，或发表在某本杂志上，那么会对社会起到什么作用呢？我想，它除了鼓励学生打架以外，不会有其他的积极作用。而我们的社会提倡以和平、协商的文明方式解决问题，反对以武力、暴力的野蛮方式解决问题。这位学生的真话与"和谐社会"的进步思想是不相融的，这是我没给此文打高分的原因。

在网络中，据说有的人因为讲了"真话"而成为"大名人"，然而我对这些"名人真话"却有另种看法。因为在作文中单纯写真话是很容易的。肤浅的真话、表象的真话、片面的真话、错误的真话其实几乎所有高中学生都会写的。而写出深刻的真话、全面的真话、看清事物本质的真话、促进社会进步的真话就非常艰难了，它常常需要作者个人有较高的文化素养。而作文水平的高低最重要的标志恰巧体现在这里。

"真话"有消极与积极之分，消极的真话写得再多，也不是写作水平高的标志。它也许在一段时间内能够获得很多的、阅历不深的青少年读者。但随着时间的推移、社会的进步、人们科学素养的提高，这些"真话"也就成为过眼烟云。而积极的真话，也许在某一时段并未赢得很多的读者，但由于它的深刻、全面、科学、正确等必然会长留于世。马克思说的也是真话，但它不是肤浅的真话、消极的真话，而是深刻的、全面的、积极的真话，因而他的作品注定会长盛不衰、与世长存。也许某一时段翻看他的作品者不多，但它注定每一个时代、每一个国家都会有很多人仔细阅读它、学习它、研究它。

在中学作文教学中，我以为应该提倡写"积极的真话"，而不是"消极的真话"。消极的真话尽管"真"，但它对学习者个人的科学素养提高不大，对社会作用也甚微，甚至还起很大的负面作用。

当然，在我国中学作文教学史上，尤其是"文革"期间，还有一种"积极的谎言"，即学生的话确实是很"积极"，作文中充满了虚假的豪言壮语，但"积极"过了头，变成了"谎言"。这是由于学生自己没有学会文字表达，不懂得如何开动自己的脑筋，因而只好重复老师或报纸上的"人有多大胆，地有多大产"的"积极的谎言"。这种写作方式的遗风虽然在某些地方、某些部门仍然存在，但毕竟已不合时宜，没有多少市场了。

在作文教学中，我们反对"积极的谎言"，但也反对"消极的真话"。"消极的真话"不会比"积极的谎言"好到哪里去，有的"消极的真话""错误的真话"甚至可能扰乱社会，造成动乱，陷百姓于苦难之中。我们在作文教学中所提倡的是一种科学的、全面的、深刻的、积极的真话。

2010年6月18日

注：写此文的目的主要是批评网络上一些乱说的"真话"。网络上某些人大概认为，丑化中国的话就是真话，赞扬中国的话就是假话。这显然是片面的、错误的！

2020年10月10日星期六

· 树海（2010-6-19 17:35）：

文章已拜读，我可以肯定，你是一位有水平有良知的好老师。

自己私下曾使用过的一对一辅导
作文写作的几种方法

在以前的文中，我曾介绍过训练自己学生写作的一些方法。今天我再补充自己私下使用过的几种一对一或单独辅导作文写作的方法，供人们参考。

一、录音训练方法

1996年12月在《中学语文教学》刊物上发表的《略谈中小学作文写作的几个问题》一文中，我提出了可以用录音训练的方式培训学生的作文写作。但由于条件缺乏，我作为政治教师，而不是语文教师，实际上一直没有机会用此方法训练学生。尽管如此，我还是用该种方法私下单独辅导了我的孩子。

录音训练方法我仅用了一次，孩子就直观地感觉到了写作文是怎么回事。

孩子8岁也即上小学二年级时，问我："老师布置了写一篇作文，标题是《秋游》，怎么写？"我回答："我可以教你怎么写，但是你必须先把你秋游的大致状况告诉我。"于是小孩就高高兴兴、滔滔不绝地说起了她参加秋游的大致过程，从头至尾说得很完整。说完之后，小孩问我，作文怎么写？我说："你刚才说得很好，本身就是一篇完整的作文，你把自己说过的话写下来就可以了。"可小孩问："我刚才怎么说的？我不记得了。"我回答说："你说的过程很长，我也记不住，不过有一位老师可记住了，让它来教你。"于是我把放在桌子底下的录音机拿了出来，开始播放。录音机说道："星期日，我们全班同学到荔枝公园去秋游……"我按下暂停键，说道：

"你把这句话用文字记录下来吧。"小孩可高兴了，这样，把整个故事都写下来了。当然，我对其中一些语法错误的句子做了些修改，而整个文章都是小孩自己的叙述。小孩成功地写完了作文。

过了一段时间，小孩又来找我教她写作文。我说可以，但等一下，等我先把录音机拿来。结果小孩跑了，到她自己的房间里写作文去了。从此在小学及初中阶段，她再也没找过我教她写作文了。因为她直观地明白了，作文就是把自己说的写下来，而不是写别人的语言。

就写作而言，我以前曾对自己的学生说"自己的语言是最美的语言"，原因就在这里。因为别人的语言再怎么美，也不是自己的"作文语言"（将别人的语言化为了自己的语言则另当别论）。

显然，小孩已经知道，如果再找我教她写作文，结果只能是"自己教自己"，录音机里的"自己"教现实生活中的自己。明白了这一点，她自然就不再找我了。而我要做的事情，如果必要的话，最多是在她写完作文后看一下。

二、鼓励对方口头表述的方法

这种方法除了在我的学生中使用过以外，我还私下用于两次个别辅导或说"疏通"上，包括对朋友的帮助。第一次我用在了对我工作学校的一位语文老师同事或朋友的"疏通开窍"上。

这位语文老师知识丰富，本身的求知欲很强，自信心也强，认为自己很有本事。可他疑惑的是：自己所写的投稿文章为什么没有一篇被采用？当他看到我这个非语文老师在《中学语文教学》刊物上的投稿被采用后，震动很大，所以老找我谈论作文写作。我感到他写作的所有条件都具备，唯一的不足是尚未领悟到写作是怎么回事，写作方法太过于"论点论据论证"程式的死套，和我学生时代的做法一样。于是我打算帮他训练一下。碰巧学校又安排我与他同时出差几天，他也趁此机会把他的语文教学想法尽力向我披露。我鼓励他在我面前说了10个小时（很多话是重复的），我主要是倾听，偶尔插几句鼓励与赞赏的话。这种做法的目的就是让他充分"打腹稿"。接下来几天，他把自己说的整理成了一篇不错的论文，后来这篇论文在1997年底成功地发表在了公开学术刊物上。自从发表了第一篇论文后，他就一发不可收拾了，接连发表了十几篇论文。现在他已经是大作丰富的深圳语文界有些名气的教育专家了。实际上，他当时已经突破了写作瓶颈，悟通了写作是怎么回事。当然，他是否明白我在暗中有意训练他"打腹稿"的良苦用心，我就不得而知了。这种方法也许就是人们说的"润物细无声"吧，即辅导过后，严格说是"疏导"过后，对方并不十分清楚我在"辅导"他。甚至对方还可能认为，是自己的"聪明"使自己渡过了写作的难关。当然这也没错，因为实际上，现实生活中绝大部分人都是很聪明的。而作文教学的一个重要任务就是让学生发现和挖掘自己的聪明。

这种方法我也在我的小孩高考前夕采用过一次。看到小孩的议论文口头叙述能力或打腹稿的能力不错，以后就再也没有去训练她了。

三、直接示范写作

直接示范写作的方法我也曾在学生的写作训练中采用过。不过这一次是指对我妻子私下的写作帮助，最开始的"辅导"是无意的（因为那时我还没有发现"文字与思维不同步"现象，还不能领会教师下水示范与学习者的关系）。

我的妻子是一名业务能力很强的英语老师，英语水平及教学都很好，但不会写文章，不会总结自己的教学做法。于是我协助她写了几篇她教授英语的经验总结论文发表了。我戏称说："老婆教学，我谈经验。"但令我感到意外的是，几篇论文之后，她也开窍了，知道了论文是怎么回事。后来她自己在没有我的参与下发表了三十来篇论文，六七篇发表在国家一级学术刊物上。

所以说，直接写作示范对对方的写作来说也是很有帮助的，可以帮助对方较快地认识写作本质。不过这是我事后的总结。当然，这种示范性写作的内容应该或多或少与对方有关联，如总结对方的工作，或对方出题，老师写作示范等。这样对方才有直接的感受与体会。

另外在训练学生写作中，多鼓励多赞扬也能激发学生写作的热情及动力。当然，多鼓励多赞扬也是指多发现学生写作上的闪光点，而不是没有根据地乱夸。

同时我还补充一段可能是有趣的话。昨天我与在外地工作的女儿通过微信谈论她小学时候所写作文时，她谈道，她小学时候的作文写得较好，主要是因为她有经常写日记的习惯。她根本没谈到录音训练一事。显然，录音训练法与鼓励对方口头表述的方法一样，在老师不特别向学习者说明的情况下，都属于学习者不能明显感觉到的"润物无声"的教学方法。女儿当然也不知道，现实生活中，很多人实际上一辈子都没有理解写作的本质。

录音训练法比较适合小学生及中学生的写作训练，当然，对于初学写作的成人进行该种方法的训练应该也同样有效，只是我们尚未做过这方面的实验。尤其对于小学生来说，更容易直观地领悟或认识写作的本质。若文中第二种、第三种方法在训练小学生写作中效果不佳时，恐怕还得使用第一种方法——录音训练法。当然，小学教师也可尝试动员学生家长完成此步骤，因为现在大多数家长也是学历较高的文化人，也许能够理解和使用该种方法。

总的说来，我个人认为，帮助学生领悟写作本质或真谛，既是一件难事，也是一件易事。若教学得法，应可以加快学生的领悟认识。至于在具备一定写作能力之后，如何使自己的思维更科学，则与学习哲学等有关，但这暂不属于本文讨论的范围。

以上几种我个人私下单独辅导作文写作的方法，主要是利用学习者本身所具有的思维潜能进行疏导。但愿对人们有点启发。

2018年11月11日

回答微信群友：

@唐晓燕　在你孙子读小学二、三或四年级的时候，记得采用"牛氏录音写作训练法"！绝对可以超越其他小孩！

文中第一与第二种写作训练方法是受"文字与思维不同步之说"的启示。我在二十五年前创造的后又实验了的"牛氏录音写作训练法"，前些天写成了一篇短文，在某些微信群里转发。一些朋友表示，要使用录音训练法培训孙子。我的一些学生表示，要用此法培养儿女。他们的实验结局如何，尚不清楚。如果我们班的老同学也想培训一下孙子，不妨试试"牛氏录音写作训练法"！

2019年1月28日

小学阶段也许可试行"牛氏录音写作训练法"

基于我25年前创造的"文字与思维不同步之说"（参见《中学语文教学》1996年第12期及1997年第9期），我又创了"牛氏写作教学法"，即利用学习者本身所具有的思维潜力进行写作"疏导"的方法。虽然该方法包括很多方面，但其中的精髓是"录音训练法"。

通过局部的实验，我个人感觉，未来小学若试行我所创的牛氏录音训练法，人类思维水平应该可以再上一个新台阶，至少在普及腹稿思维上能起到很大的作用。

在我25年前的研究中，我发现，人的思维发展实际上大致存在三个阶段。

第一阶段：自然思维阶段。自然思维是人"天生"所具有的逻辑思维，这种思维是人人都具有的，当然天生脑残疾者不计入内。如果认为文盲没有思维或思维没有逻辑，显然是错误的，对此我以前曾论述过。自然思维是人类最初级的思维，它存在很多缺陷，不少的人一辈子都停留在自然思维阶段。

第二阶段：腹稿思维阶段。此处说的腹稿思维专指我以前说的正常腹稿思维，以与自然思维相对立。

在现实生活中，人们的思维由自然思维阶段进入腹稿思维阶段是非常困难的，它往往需要一个重要的领悟期。而人类只有少部分悟性较高的人能够领悟，大多数人在整个学生时代甚至一辈子都没有领悟，因而人类总体思维水平偏低。（"领悟"是指认识上的飞跃。悟性低不等于蠢。我在以前公开发表的文章中说过，我个人属于悟性较低者。）

在此顺便评论一下最近偶尔看到的著名哲学家罗素的某种说法。罗素说："很多人宁愿死也不愿思考。"也许现实生活中真有这种人，但我认为更多的人不是不愿思考，而是不知道怎样思考。

就像我曾说的，当一个人没有领会或认识到写作本质时，或说没有进入正常腹稿思维阶段或二级语言表达阶段时，他实际上并不知道如何思考。他能做到的只能是"自然思维"，而这种思维正如我在《简论两种不同结构的思维》一文中所说，"具有先天不足"。

我个人在认识到写作本质之前，很羡慕、敬佩文章写得好的人，也期望自己能像他们一样。然而很遗憾，自己做不到。直到我30岁认识到了写作本质后，才知道了写作或思考是怎么回事。所以罗素说很多人宁愿死也不愿思考，在很大程度上恐怕是冤枉了他们。

第三阶段：理性思维阶段。理性思维又可称为哲学思维、辩证思维等。在我所创的"文字与思维不同步之说"中，它也属于腹稿思维中的一种，它的主要思维形式从写作角度被我称为"双重腹稿思维形式"。在《辩证思维浅议》一文中，我也专门讨论了它的主要形式。这是一种含有原始创新研究性质的思维形式，属于人类创造科学理论时所使用的主要思维。当然在具体行业中分析复杂问题时也需要用到该种思维，如公安人员破案时就必须使用该种思维。我也曾在《浅论杜威的反省思维》的博文中说过。

当一个人连第二阶段也无法达到的话，就更不要说进入第三阶段进行理性思维了。所以领悟写作本质，尽早进入第二阶段是小学就应完成的任务，至少也不能超过初中阶段，否则将形成思维的极大浪费。

牛氏录音写作训练法应该能够帮助绝大部分人在小学时代就越过"领悟"阶段，由"自然思维"阶段顺利进入"腹稿思维"阶段，即由第一阶段顺利进入第二阶段。这样，当学生进入中学阶段，就可以提早学习理性思维或哲学思维了。

美国在幼儿园、小学时代就教学生理性思维，其实这是在做无用功，是仍然不了解思维教学规律的表现。即使美国这种思维教育真的有点作用，那也只是某些学生的个人悟性较高而已，因为幼儿及小学生，甚至中学生及大学生如果没有进入"二级语言表达阶段"，或说没有领悟到写作的本质或真谛，一切理性思维都不可能学会。

所以，在进行理性思维教育之前，必须先帮助学生进入二级语言表达阶段或正常腹稿思维阶段。而录音训练法实际上是产生"人为领悟"的方法，因而可以帮助学生在小学时期就尽量进入上述阶段。

录音训练的具体做法可参看我前不久写的博文《我私下曾使用过的一对一辅导作文的几种方法》中的第一种方法。

当然在实践中，由于胆量的原因，学生在家长面前的叙述与在老师面前的叙述是不同的，这需要老师具有极强的亲和力，尽量将学生对老师的畏惧感降至最低。这当然需要老师自己去摸索。

老师也可试着动员小学生的家长们完成对自己的孩子所进行的录音训练，因为现在大部分的家长也是学历较高的知识分子，也许能够理解录音训练的具体方法。

录音训练法是帮助学生领悟写作本质或真谛的简便易行、效率似乎最佳的方法，但并非唯一方法。如学生口述法、教师示范法等，我以前也谈到过。只是这些方法效果不佳时，可能还得使用最后的绝招：录音训练法。

录音训练一般说来使用一两次就能使受训练的学生直观领悟写作本质或真谛。我所做的实验仅使用了一两次，就基本成功了。

当然，包括"录音训练"在内的"牛氏写作教学法"还必须在实践中根据实际情况进行调整和改进，如今日（2022年11月27日）在一位初二学生身上做"写作训练"的实验中，我就根据实际情况对训练方法及步骤临时作了调整。这次实验无疑也没有机会写入书中了。

至于理性思维的教育，当然更为复杂。我在以前的文中如《从哲学中寻求智慧》（《深圳教育科研》2005年第5期）等文中谈到过"哲学思维过程讨论法"，在此文中就不讨论了。

我新写的《牛氏写作教学法简介》一文对我所创的写作教学方法进行了

大致汇总，但因没有机会收入到此书中，只好置于我个人的博客中。有兴趣的读者可到我的博客中查看。

我个人年老多病，恐怕无法看到录音训练法试行的时候，但还是期望人类思维走上新台阶。

注：文中提到的某些新概念如"二级语言表达阶段""正常腹稿思维""双重腹稿思维""自然思维""腹稿思维"等，可参看我以前的文章。

该文中含有我个人从另一个角度对自己以前创造的知识所作的新总结："思维三阶段论"。

2019年1月18日初稿

2022年11月27日修改

注：我今天在手机广告上看到了一个"录音转文字"的小器件，三百来元。我敏锐地感到：这应该是"录音写作训练法"的好工具，它比我以前采用庞大的录音机训练学生更为简单与方便，因为录音机的准备往往很麻烦，不太方便。我也许应该买一个这样的小器件，在有机会的时候，利用它来训练一下某个孩子。

另外，这种小器件也可能对老师的课堂笔头作文示范提供方便，从而更容易使学生直观理解"作文原来就是将自己的说话（或思维）记录下来"的道理。

2021年12月11日星期六

小学生写作录音训练纪实

在翻看二十多年前的一些保存资料中，意外地发现了以"录音方式"训练学生写作的残存记录。我本人对这一记录已经没有一点印象了，记录方式好像也不符合我个人的写作习惯，只是记录的字迹确实是我的，末尾记录的训练方式也确实是我的思想。从时间上推断，此记录应该发生于1997年或1998年。现列出来，供有兴趣采用"录音训练法"的人士参考。

【新题设计】

《记一次印象深刻的活动》 题型：半命题作文

【写作指津】

记述自己亲身参加过的一次活动。（1）较流畅地交代时间、地点、人物、事件。（2）较完整地叙述事件经过。（3）结尾给人以某种启示，至少要完整。

【示范作文】

难忘的爬山比赛

星期六的早晨，我跟着爸爸和他所教的初三学生一起乘汽车来到西丽湖度假村。我们来这里的目的是要举行一次爬山比赛。

"到了！"传来一阵喊声。我和初三级的学生们马上站好队准备开始跑。

"预备——跑！"指挥员大喊一声。我们飞快地跑起来，跑过小道，穿过树林，来到了山脚下，沿着山上弯弯曲曲的小道向上爬。

刚开始，我还领先。慢慢地，我感到喘不过气来，步子放慢了，许多的学生都赶上我了。看着他们争先恐后、毫不放松的情景，我的步子加快了。一不小心，我滑倒了。脚被一块尖石头狠狠地绊了一下，一阵钻心的疼痛。可我没有灰心，又继续跟着一个名叫肖意的同学一起爬。可是，困难并没有过去。我们走到一个树多草多的地方，往山顶一看，啊！我们越走越远了。我们只好往回走，再次沿着小路慢慢地爬。滑倒了，爬起来再跑。走错路了，又往回爬。就这样，山顶离我们越来越近。我们在加油声中，一步步艰难地爬着——

目的地终于到了，我拿了一个二等奖。

站在山顶上，望着蔚蓝的天空，雪白的云，我仿佛看到了自己爬山的经过。虽然是个二等奖，但这是我通过"劳动"而得来的"成果"。它也使我懂得了，无论做什么事，只要不怕困难，一定可以成功！

（深圳市翠竹小学三年级学生）

怎样才能使学生写好作文？

首先使学生（至少在感性上）明确"作文就是记录自己的思维活动"的道理。

【训练方法】

在写某一活动的作文时，先让学生回家对父母口头叙述活动的经过，只要求学生谈活动经过，而不要说明是写作文（事后可以告诉学生是写作文），以减轻学生的心理负担。并让父母用录音机（可公开也可隐蔽地）将学生的叙述录制下来。在学生笔头写不出或与录音内容差距较大时，让其抄写自己的录音（老师或家长指导其改写）。我们跟踪实验结果：一两次这样的训练即可使一名九岁左右的学生从感性上明确"作文就是记录自己的思维活动"的道理，从而达到至少"有话可说"和不怕写作文的地步。

对"非构思写作"的一点看法

前两天在网上看到一种命名为"非构思写作理论"的说法，我大吃一惊：难道世界上真有不打腹稿或不事先思考就能写出文章的人？因为在我的认识中，"构思"就是写作前打腹稿或思考的同义词。

当然，仔细读了几篇关于"非构思写作"的文章之后，才明白该种说法大概属于写作理论领域的一个流派，它也承认写作之前应该打腹稿或思考的做法。它说的"构思"大概是指写作之前思考文章提纲或框架，"非构思"大概是指写作前没有必要思考文章提纲或框架。我个人认为，这种说法当然没错。

以前上学读书时，老师通常说，写文章前要先写提纲，然后按提纲行文。现在来看，这种做法虽然也能写出文章，但确实属于低水平写作。当自己领悟了写作本质后就感觉到：思维中是先有文章内容，而后才有提纲。提纲是对思维内容的总结，而不是用来引导思维。大致总结完提纲后，就开始动笔写作，因而说"提纲引导文字写作"应该是对的，但"提纲引导写作思维或腹稿思维"则是错的。

一般文章写作的大致分三步：第一步，先有（腹稿）思维内容。第二步，总结思维内容的提纲。这种提纲可以写在纸上，也可写在头脑中，即没有纸上提纲。很多时候，这个步骤似乎也感觉不明显。第三步，文字行文或写作。

当然在写作实践中，可能有不少的写作高手并不觉得自己打了很深的腹稿，我认为这种感觉也没错。我个人近些年来写一些千字短文由于不想太辛苦，也没怎么去打很深的腹稿。但我认为，要做到这一步，还是必须至少具备下面两个条件：

（1）作者必须是早已领悟写作本质者，即会写文章的人。

（2）作者以前思考过所要论述的类似问题，即以前打过类似问题的腹稿。

在满足了上述的两个条件下，作者写作前不怎么打腹稿同样可以写出较好的文章，尤其是在写作内容并不怎么复杂的情况下，更是如此。

所以，"非构思写作"流派大概也没有什么错误，只是"非构思写作"的说法，在人们没仔细阅读的情况下，容易产生误解，以为写作前不思考或不打腹稿就能写出好文章。从这一角度说，"非构思写作"也许可以找一个更好的名词代替。

当然，"非构思写作"的说法大概来源于"构思写作"流派。但我想，"构思写作"流派所说的构思，应该不仅仅是指"构思文章提纲或框架"，打腹稿或写作前先思考应该也是"构思"的内容，甚至是主要内容。从这一方面来说，"构思写作"流派与"非构思写作"流派就没有什么本质区别，而是名称上有所不同而已。

2019年2月23日

关于写作的两个小体会

自己在以前的写作中谈过一些写作体会，今天再补充两个关于写作的小体会。

一是自己的语言是最美的语言。意思是说，写文章时应该自己直接说话，不要去模仿书中或别人文章中的语言，更不要抄袭别人的语言。写作时模仿或抄袭别人文章中的语言，反映的是别人的思想，而不是自己的思想。

初学写作者可能不知道什么是自己的思想。当学习者哪一天知道用自己的语言写作时，或在写作中感到自己的语言才是最美的语言时，写作就基本成功了。

当然，也许有人会说，初学写作者要先模仿别人才行，其实不然。我曾在《简谈作文的模仿》中说，语言靠模仿，但写作不能模仿。言语模仿与写作模仿是有区别的，或者说，写作的模仿有其特殊性。因笔者以前讨论过此问题，故不再谈及。

二十多年前，我的一位朋友也许很欣赏"自己的语言是最美的语言"的说法，遂将它写入了他公开发表的论文中。

二是简单文章复杂化，复杂文章简单化。意思是说，当所写文章内容比较简单时，作者可以使用较复杂、文绉绉的一些语言，以追求某种"语言美"，当然还是要避免通篇写成诘屈聱牙的文言文。相反，当所写文章内容比较复杂时，语言一定要简单，甚至越简单越好，简单到最直白的语言。因为当文章内容较复杂时，如果还使用很多文言、对偶句等，会使文章更加复杂，从而影响读者对文章思想的理解。

以上为自己关于写作问题的未写入以前文章中的两个小体会，供参考。

2017年8月8日

美国教育的实质就是"论文写作教育"

——兼论中国教育的改进

今天在微信上读到一篇文章《耶鲁教授：中国学生最不擅长的思辨与表达却是美国教育的精髓》，感慨良多。

一二十年来，很多学者都非常欣赏美国的教育。其实，说穿了，美国教育的实质就是"论文写作教育"。如演讲训练、社会调查、通识教育等都是围绕学生能写出高水平论文进行的。擅长思辨与表达也是研究性论文写作的重要特征。

必须承认，能写出高水平论文者往往也预示着拥有智慧。毛泽东的事例就是最突出的事例。

当然，在中国教育界，很多老师并不承认论文水平与个人智慧相关联。如有人认为，很多老师虽然不会写论文，但课上得特别好。其实，这些老师的课虽然上得好，但绝对达不到一种高超的境界。篇幅关系，无法细说。

拥有智慧者，往往具有举一反三的能力，能够胜任多行业或跨行业的工作等。因此将高水平论文写作当作教育的一个重要任务，我个人认为是非常必要的。

其实，中国古人早就认识到了写作水平与个人素质的关系。中国实行的1300多年的科举考试，考的就是写政论文。

只是非常遗憾，中国古代政论文写作达到一个较高的水平后就遇到了一个重要的瓶颈——哲学瓶颈。而该瓶颈始终无法有效突破，也就是说，写作水平再也无法提高了。最后中国古代政论文考试不得不以走向僵化的八股文而流产告终。

当今西方的论文写作教育，与中国古代政论文写作不同，他们突破了哲学瓶颈。他们的写作教育不是以一般的议论文为蓝本，而是以科学家创造的科学理论为蓝本。而科学理论的写作是一种掺杂了哲学思维在内的较高级的议论文写作。这种写作直接与智慧相关联。

虽然在美国教育实践中，很多学生的写作水平也只能达到一般议论文水平，但毕竟还是有一些学生能够进入某种智慧境界。

当然，进入智慧境界并不是说就能赚很多钱，而主要是体现为：

（1）能够明白或领悟人世间的很多道理，使自己个人的修为达到一个较高的境界。这一条其实是智慧教育的根本。

（2）由于思维能力较强，能够胜任多行业或跨行业的工作。

（3）在机会均等的条件下，也可能意味着比一般人赚钱要多，等等。

那么，"论文写作教育"是不是能够完全取代现代知识与技能教育？我个人的初步回答是否定的。一个智慧超群者能否不学现代医学知识和技能就能胜任医生工作？至少这一简单问题的回答应该是否定的。

因此我觉得，中国学者也不能盲目崇拜美国的"论文写作教育"。

然而中国教育应该如何改进呢？我认为可以在中国现行的教育中再加上一门"现代论文写作"教学课或"研究性论文写作"教学课。当然这种写作不是中国古代的政论文写作，而是改进了的现代科学论文写作，是研究性的论文写作，是加入了哲学思维的论文写作（当然一般议论文写作是基础）。

如果在中学实行该门课程较困难，那么在大学中该门课程则必不可少。大学毕业生不会写论文终究是巨大的遗憾，姑且不说研究性论文。且大学中擅长论文写作的老师也比较多，条件自然比中学好。当然该门课程在客观上必然要缩小甚至是较大幅度地缩小现代知识与技能教育的比重，这也是应该的。

2018年8月21日

关于写作的微信对话

牛湘坤：

文宁喜欢谈见解。其实，将自己的见解用文字记录出来，整理成一篇短文，按照我的观点，写作就基本成功了。按照我所创造的术语，就叫做"进入了二级语言表达阶段"。

叶文宁（长沙理工大学英语教授）：

我只是有想法，也不一定对，完全没形成系统理论，扯个闲谈打发时间而已。

牛湘坤：

想法可能对，也可能错。但如果能用文字记录下来，就是写作基本成功。至于想让见解正确，则与哲学等因素有关，但这可能不属于基本写作，大概属于较高级的写作吧。而人们讨论的写作一般是指基本写作。

写作其实是又难又易。没领悟时很难，领悟了却又较易。下面是我曾写的关于写作的两首打油诗：

一

说难它也难，

说易它也易。

不管体裁怎样变，

任何文章都是"思"。

二

苦练二十年，

仍然书呆子。

悟习一短载，

胜读十年书。

（为2003年深圳电大学生所作）

叶文宁：

湘坤知识面广，善于思考，把各学科联系起来了。我只是偶尔写写回忆文章和有关吃喝玩的东西，放松下自己。不敢也没能力涉及严肃性的学术话题。我写的东西一定是自己经历或见过的事物，面很窄，然后记录下来自己再回忆。今年5月份写了回忆袁老（袁隆平）的文章，有9万多的点击率，创造了自己的记录和奇迹。

牛湘坤：

实际上，我们班的同学的语言功夫都很厉害，只是一些同学自己没意识到罢了。毕竟年纪大了，见识广了，长期当教师自然形成了很强的语言功底。比如说你在微信中的谈话就写得非常流畅。你写的关于袁隆平的文章非常好，按照"牛氏理论"，该文属于正常腹稿思维中的高水平记叙文写作，但还不属于"谈见解"系列。牛氏点评，见笑了！

叶文宁：

谢谢湘坤鼓励！湘坤善思考，勤总结，早产出。

——2021年11月21日微信对话记录

注：我今天感到，其实用手机微信方式训练学生写作也是一个好办法，它与"文字与思维不同步之说"的启示相融，只是训练细节还有待琢磨。

国旗，在天安门广场升起

——为学生所作的快速示范记叙文

1999年10月21日，这是我一生中值得纪念的日子。

这一天，天未亮，我们行知学校高二年级师生就来到了天安门广场。才凌晨5点多钟，广场上就聚满了人群，有工人、农民、学生，还有解放军战士。尽管天气有些寒冷，但人们都寂静地站立在旗杆周围，等待国旗升起的时刻。

一个半小时过去了，东方地平线上映出了红霞，太阳快升起来了。

忽然，从天安门城楼传来了隐隐约约的音乐，从城门拱桥上走来了一队庄严整齐的解放军战士，他们迈着正步，朝我们师生队伍走过来了。

音乐越来越响，战士们来到了旗杆旁。随着雄壮的国歌奏起，五星红旗缓缓升起。

太阳升出了地平线，国旗在广场上迎风招展。人们肃立在国旗周围，凝视着我们伟大祖国的象征——高高飘扬的国旗。

升起来了！升起来了！迎着东方的朝霞，鲜艳的五星红旗升起来了……

1999年10月23日晚

注：这是写下文的同一个晚上所写的另一篇"记叙性"的示范文，由于整天的活动实在令人疲惫，就尽快结束了写作。后来，在阅读了学生所写文章之后，我发现，很多学生的记叙文写得较好，超过笔者此文的学生也大

有人在。但是，议论文的写作却是学生的弱点。而实际上，在社会生活中，用得多的恰恰是议论文。议论文由于属于一种较少借助"形象思维"的"语言思维"，其难度较大。而正如我们以前所说，哲学思维是建立在分析思维（议论文思维）基础上的。因此，我想学校教育中大概还需要加强学生分析性思维的培养。

"我的前后都是好人"

——北京赛特商场见闻（为学生所作的快速示范文）

以现代化经营方式而闻名的北京赛特商场的确有很多成就令人深思。在该商场的参观学习中，我感受最深者之一就是赛特商场的"好人""亲人"活动。

在赛特商场，每天上班前都有一个奇特的"好人""亲人"活动，即员工们排好队，齐声说："我前面的人是好人，我后面的人是好人，我左边的人是好人，我右边的人是好人。"

在上班中，赛特的职员们也的确是这么做的。你看他们，对顾客热情，和和气气，百答不厌，看不到任何扯皮吵架的现象。在他们的心目中，既然前前后后、左左右右都是好人，是亲人，又有什么必要非吵架不可呢？

从事商业经营，并不完全就是金钱关系。这里也包括劳动成果的相互交流与贡献，包括共同建设祖国的汗水与热情。"尊重顾客就是尊重劳动，尊重顾客就是尊重建设祖国的热情。"这种崭新的商品市场观念，这种崭新的商业经营作风，正是赛特商场在市场竞争中立于不败之地的重要原因之一。

然而，在现实生活中，却老有那么一些经营者就是不明白人与人的亲情关系。在他们眼里，除了金钱就没有别的，好像顾客不买东西就非要骂他一顿不可。其实，从社会未来发展看，相互团结、相互友爱、相互帮助是历史发展的总趋势。作为商业经营者，必须具有最现代化的经营理念，才能顺应历史的潮流。

赛特商场的这一小小见闻，确实令人深思。我们——商业经营专业的学生，应具备最先进的经营理念，应正确处理好人与人的关系，为祖国未来的商业经营事业贡献自己的一份力量。

写于1999年10月23日晚

注：此文是在1999年10月行知学校高二年级商业经营专业四个班140多名师生到北京实习时所写的"教师下水示范文"。学生们在参观了赛特等四个商场之后，普遍反映：不知道如何写参观感受。从最简单的方式出发，笔者于当天晚上写了两篇快速示范文，复印150份，供学生参考。

个人的重要与不重要

——为2005年高一（8）班所作的"谈看法"
即堂笔头（电脑写作）下水示范

　　此文写于2005年1月3日星期一的课堂上，学生出题，我作"笔头"电脑示范。在学生出完题后，自己在讲台上"沉思"（打腹稿）十多分钟，再用电脑直接写出"见解"，讲台大屏幕上可以显现出所写内容。但在"示范"实践的过程中，笔者也发现一个弊端，即课堂上的笔头示范需要时间。如写完下文，竟连续花了近两节课的时间。虽然笔者允许学生在我写作的过程中做其他事，但自己的注意力集中在"见解"写作上，根本没办法注意学生的反应。因此，在后来的上课中，我减少了课堂上的笔头示范，代之而来的是增加了原来的"口头示范"，即将自己沉思后的内容用口直接说出。当然，课堂外的笔头示范仍然保持着。另外，我知道电脑科学家们在研究将语音转变成文字，只是还不太成熟。以后这一技术成熟了，则教师口头示范与笔头示范应该可以同时进行。这也会极大地提高教师写作下水示范的效率。

　　至于为什么要在课堂上作笔头示范，我在《谈作文的模仿》中说过。这当然也主要是受"文字与思维不同步之说"的启示。

2020年10月7日星期三

每个人都是重要的，但每个人又都不重要。人是重要与不重要的对立统一。这就是辩证法。

马克思对人类历史的重要，对人类历史的影响，没有几个人能比得上。然而从另一个角度说，马克思又仅仅是一个个人。世界上任何一所大学的教授都不敢说自己的学问超过了马克思，然而大学里没有马克思也照常运转。世界上任何一家企业的经理都不敢说自己的经济学水平超过了马克思，但企业中没有马克思也照常运行。从这一角度说，马克思作为一个普通的人，似乎又不重要。其实，任何一个人都是重要与不重要的对立统一。

在现实生活中，一些人似乎并不明白这个哲学上的浅显道理。某些人也许由于某种特殊的原因或条件当上了局长、老总，就总以为自己特别的聪明，特别地有能耐，而普通的百姓就很愚蠢。在他们心中，衡量是非对错的标准是职位，是权力，是金钱。谁的职位高、权力大、金钱多，谁讲的话就是真理。不可否认，在商品社会里，确实存在着以职位、权利、金钱衡量是非、衡量成功与否的异化观念。但职位、权力、金钱毕竟不是衡量是非、对错、成功与否的真理标准。有智慧者并不一定职位高、权力大、金钱多，而职位高、权力大、金钱多者也并不一定就有高智慧。这样的事例在现实生活中多如牛毛，数不胜数。某些老总、局长，即使不当老总、局长，也自然会有别人来当的，企业、机关、学校的工作会照常运转。任何一个人，不论他的职位有多高，权力有多大，金钱有多少，作为个人，他其实也是很渺小的。其实，世界上任何事物都是重要与不重要的对立统一。重要与不重要的对立统一，大概就是辩证法。

在我们教育界，一些老师，甚至专家好像也不明白这个道理。例如，很多专家都认为他所从事的学科特别重要。生物学专家认为：昆虫很重要，如果世界上没有了昆虫，将会是什么样？因此在校学生都必须学昆虫学、生物学。美学专家认为：美特别重要，如果一个人不懂得美，将会是什么样？因此在校学生都必须接受美的教育。语言学家认为：语言特别重要，如果一个学生不学语言，将会是怎么样？然而他们忘记了，世界上的万事万物其实也不重要，任何学科其实也不重要。辩证法的重要是每个科学家都知道的。然而，一个人如果不学辩证法，在今天的中国社会里真的会饿死吗？可见，辩证法也有不重要的一面。这就是辩证法的辩证法。

所以，每一个人对于世界来说都很重要，都会给社会留下印痕。所谓"天生我材必有用"就是这个道理。但每一个人又都不要自我狂妄，不要瞧不起别人，而应正确地认识自己，因为自己作为个人又实在是渺小的。努力尊重他人，在大家合作的力量下，发挥个人的聪明才智，才是明智之举。

2005年1月3日

"科学"的用途

——课堂谈见解笔头下水示范

（文章标题为学生所出）

在很多人的想象中，科学的用途就是造汽车、造火车、造飞机等等，其实科学的用途比这要广泛得多。造汽车、造火车、造飞机等只是科学应用的一个方面，这个方面我们把它叫做"技术"。所谓技术的实质就是根据科学原理来"改进人类的生产工具"。除此之外，科学还有第二个用途，那就是"改进人们的行为"，即根据科学原理使人的行为更加"人性"，更加符合人的生活，而不是像动物那样生活。下面我举一例子来说。

最近，我们国家实行了一系列针对农村的新的政策，如农村中小学学生读书免费、农民的税收减免，甚至还给农民"补贴"，即一个农民种地越多，收入越多，国家不仅不多征税，还补给他的钱越多。还有家电下乡补贴等一系列其他措施。这是为什么？严格说来，这就是科学原理在起作用。因为马克思曾说，严重的两极分化将会导致社会危机。而我国政府非常相信科学，特别是相信马克思主义的科学原理。但改革开放以来的实际情况却是，两极分化开始变得严重。如果任由这种"富者越富，穷者越穷"的状况延续下去，用马克思的话来说，经济危机、社会危机必将产生。为了避免经济危机、社会危机的产生，同时也为了使相对穷者变得富裕一些，生活水平能有更大的提高，国家就让农村学生免费读书，而暂时未让城市学生免费，让农民家庭免税，而未让城市家庭免税，等等。可见，科学原理或知识会使国家政策、行为等产生变化，使社会行为更加合理，更为人性，符合社会发展规律。

最近，整个世界都爆发了金融危机，欧美国家遭受的打击最重，而中国虽然也受到很大影响，但总体来说却平稳度过危机。这无疑与中国提高普通民众生活水平，避免他们的购买力相对降低，具有极大的关系。而避免购买力相对降低就是马克思主义科学原理的应用。

对于个人的行为，科学也具有这一功能。这可以说是科学的第二个功能。

科学的第三个功能是能够改进人类的思维方式。人们往往以为，科学就是"知识"，其实，科学在更大程度上说是"思维"。科学的思维方式是人类独有的探索未知、认识事物，从而有效改造世界的法宝。人类在其发展过程中，总是会不停地遇到新事物、新困难、新问题。而这些"新"往往是老的知识无法解决的问题，这时，人类就必须运用科学的思维方式去探索它，发现并创造新的知识来解决生活中的实际问题。科学的这种功能是人类能不断向高级发展的奥秘。我们很多人学习科学往往只学它所包含的知识，而不去学它更重要的思维方式，这种科学学习实在是一种极片面的学习。

除了以上三个方面的作用以外，科学在提升人的精神，在树立敢于奋斗、敢于探索、敢于质疑、敢于独立思考等很多方面都具有极其重要的作用。

写于高三（14）班课堂
2007年12月10日星期一

我与学生们同考作文

2009年6月30日，行知学校进行高二语文期末考试。为了尝试学生作文写作的考试滋味，我与学生们同时参加了作文写作考试。但考完之后不久，我就被调到其他年级了，因而无法将我的考卷与学生作品作比较，从而也无法做出比较研究了。但后来，我还是就"作文出题"的问题谈了点个人看法。

作文考试题：

阅读下列文字，根据要求作文。

很久很久以前，大森林里，有两群猴子发生了战争。打败了的一群失去了生存空间，被迫迁移；不知多少年过去了，它们进化成了人类。而原来获胜的一群，如今在动物园里，供人们观赏。

这是一个寓言故事。你是否能将这个故事编述完整？或者，你是否有类似的经历？或者，你怎样理解这个故事的寓意……

请以"成功"为话题，写一篇不少于700字的文章，题目自拟，问题自选，不得抄袭。

成功与艰难好似难兄难弟

从卷面上给出的材料里，我们看到打败了的猴群被迫迁徙，离开家园，踏上了一条艰辛之路。然而，就是这条艰辛之路使这一猴群获得了伟大的成功—转化成了灵长类—人。这隐隐约约告诉我们，艰难与成功似乎是一对难兄难弟。

的确，在今天的现实生活中，这对难兄难弟好像依然紧密相连。没有艰难的历程就难有伟大的成功。老一辈革命家使中华民族获得了独立，取得了伟大的成功，可他们经历的艰难至今仍令人敬仰。从个人看，没有艰难也难获得成功。爱迪生经历了几千次的失败后才成为人类最伟大的发明家。居里夫人经历了极其艰苦的试验，且是一种条件极差的试验，才取得了当时的一种新的化学元素——镭。没有艰难，哪有成功？

为何成功总与艰难相伴？仔细考察，也不足为怪。艰难常常使人变得勇敢，不敢正视艰难者就很容易被淘汰。只有不怕艰难者才能顽强地生存与发展。"猿"进化成人就充分说明了这一道理。艰难还使人变得勤奋。正是因为艰难，敢直面者就会想尽一切办法去克服困难。艰难还会使人变得聪明智慧。在克服困难，想尽一切办法的过程中，人的头脑会变得越来越灵活，越来越聪明，而这种聪明与智慧又会进一步促进人、发展人。所以说，对于勇敢者、勤奋者、智慧者来说，艰难并不一定是坏事。在很大的程度上，是人前进的重要动力。没有这种艰难，对很多人来说，恐怕就没有动力了。

中国有句俗话，叫做"富不过三代"。这句俗话是否百分之百的正确？我不敢这样说，但至少它是具有相当大的普遍性的。为何会"富不过三代"？其实说穿了，就是面对的艰难环境发生了变化。开拓者面对艰难，发挥他的勇敢、勤奋、智慧的极限，从而成功了。但儿孙辈却坐在父辈的树荫下享清福。没有了父辈们的艰难，也就逐渐丧失了奋斗的动力，再也难以形成父辈们勇敢勤奋智慧的优良品格了。于是，"富不过三代"的悲剧发生了。所以从某种程度说，缺乏艰难的生活未必就是好生活。

人类也许只有经常面对艰难，才能不停地发展。我们作为中国最年青的一代，决不能躺在前辈们的成绩上睡大觉，我们只有经常磨练自己，勇敢、勤奋、智慧地面对一切困难，才有可能成为中国最有作为的青年，才能继承前辈们交给我们的振兴中华的重任，使中国屹立于世界的高峰。

（此文900字，某些地方模仿了学生的口吻，用时53分钟，包括构思打腹稿与文字写作。）

2009年6月30日

中学作文考试出题还可从另外两方面考虑

在前几天，我将我与学生同考作文之事标出来了。现就"作文出题"谈点个人看法。

在与学生同时参加作文考试的过程中，我的体会之一是：作文出题方式仍可以进一步改进，进一步创新。出题者也须开动脑筋，找出好的作文题来。题目视野小，文章水平就会差，作者见解范围也就小。题目水平一般，水平再高的作者也无法写出高水平之作。

我认为作文出题至少还应从两方面考虑：

（1）与理性思维有关的题目应该多出。因为我国学生对理性思维知识确实比较缺乏。通过作文考试，使学生懂得有关理性思维方面的知识是有好处的，同时也可引导教育对理性思维的重视。

（2）注重现实中的问题。虽然对寓言、历史事件、风俗习惯等作出评论也是体现学生思维水平的一种好方式，但对现实事件、现实问题谈出自己的看法，应是一种更好的锻炼思维的方式。

以上两方面的出题，我个人常把它们叫做"动真格的"。有的作文写得较好的学生问我，如果在现有基础上进一步提高自己的写作水平，该如何做？我的回答是：那就"动真格的"，即直接或间接地干预现实生活。例如此篇短文也可说是"动真格的"，因为它试图干预语文等教育科目的生活。

我看过新加坡和法国的某些作文题，深感他们所出作文题的水平较高。当然，他们的作文考试时间也较长，达四个小时。我国很多老师认为这些题目太难，不适合中国学生，而我以为这恰巧可以体现人的思维水平。理性修养高的学生自然不怕，甚至喜欢这些题目。因为只有这些难题才能体现他们真实的才能，也才能真正体现出考生的差距，从而起到考试的作用。

2009年12月16日

哲学教学

从哲学中寻求智慧

——高中政治教学的几点体会

辩证唯物主义哲学是马克思主义理论中的基础部分。在高二哲学教学中，应根据素质教育的新要求，在传授知识的同时，重视学生们能力的发掘，尽量将哲学智慧融于教学之中。笔者的做法和体会是：补充哲学基本原理新知识，重视教师的示范作用，培养学生的问题意识，培养学生的批判性品质及开展课堂讨论等。

一、补充哲学基本原理新知识

马克思主义哲学是智慧之学、创新之学，是一切理论创新的根本前提。学生按照教学大纲了解马克思主义基本哲学原理是高中政治教学的重头任务。然而，马克思主义哲学不是死的本本、不是教条，不是背得滚瓜烂熟就能掌握的知识。因此，完全照本宣科，反复"操练"，甚至搞题海战术，并不能真正地使学生领会哲学的真谛。补充马克思主义文本中的其他哲学思想，补充现行教材中尚缺乏的马克思主义的其他思想，能够帮助学生更完整地领会马克思主义的哲学思想。

在教学中，我给学生补充了马克思主义的其他一些哲学思想，如"具体—抽象—具体"的辩证分析方法、"逻辑与历史相统一"的辩证叙述方法等哲学思想，以及马克思主义关于科学研究与科学创新的思想，并解说马克思主义是如何在经济社会领域进行创新的过程。这些哲学知识的补充说明，使学生更好地领会了马克思主义哲学的"智慧""创新"的奥妙所在。

同时，为了说明辩证唯物主义哲学在科学创新中的不可缺少的作用，我还向学生分析了自然科学及当代一些最新的科学成果，如爱因斯坦的"引力场"理论与现代基因分析中的某些问题等，进一步加深了学生对马克思主义哲学的理解。

二、重视教师的示范作用

马克思主义哲学智慧的创新奥秘，虽然通过老师的讲授能起到一定的作用，但要使学生深切地感受到哲学的"有用""智慧"，老师个人的示范不失为一种好方法。如何发挥教师自己的长处，避开短处，充分发挥老师的个性，使学生多角度、大范围地理解所学科目，是目前素质教育所倡导的一种教学方法。老师是学生最贴近的人，老师的示范对学生有着不可估量的直接影响。我利用自己热爱研究、喜欢研究的长处，发挥自己个人的特性，为学生做了一些示范，也介绍了自己在教育教学研究中应用马克思主义哲学的体会。

例如，笔者向学生介绍了自己创造"文字与思维不同步"之说时（《中学语文教学》1996年第12期及1997年第9期），对马克思主义哲学的运用。介绍了自己在分析我国医药商品周期性价格暴涨规律时（《湖湘论坛》1989年第3期）、分析人口素质理论时（《人口学刊》1989年第4期）、分析"神童"问题时（《深圳青少年报》1999年3月2日）等，对马克思主义哲学基本原理的应用。虽然自己在运用唯物主义哲学来分析问题时存在着很多的局限，但自己的亲身体会使学生非常信服地感到了马克思主义哲学的实用性、科学性、奥妙性及创新性。老师亲身从科学研究、教育研究中领会唯物主义哲学的奥妙，再结合亲身体会讲解哲学，与单纯解说哲学知识相比，效果似乎更佳。

三、培养学生的问题意识

马克思主义哲学具有批判性、怀疑性、现实性等一系列特性。而现行的哲学教材虽然表现了马克思主义的很多基本原理，但批判性、怀疑性等在教材中没有充分体现出来，这就需要教师在讲授哲学时，努力地将马克思主义哲学的其他特性尽可能地多发掘出来，以尽量体现马克思主义完整的哲学思想。而培养学生的问题意识不仅是培养学生科学精神的第一步，也是理解马克思主义哲学批判性、怀疑性、现实性的第一步。在教学中，我尽量引导学生对各种现实问题加以注意，并与学生共同讨论，力图解开各种自然的、社会的奇妙之谜，以使学生体会科学研究中对哲学的应用。

在我的引导下，学生提出了很多问题，其中有些甚至是颇有价值的科学问题。例如：同学们提出，人能不能掌握自己的潜意识？中国经济将来会不会超过美国？为什么有些地方的青蛙出水时排着浩浩荡荡的长队？深圳发展非常快，将来会不会达到饱和或极限而停止发展？美国为什么要侵略伊拉克？自己做了一个梦，没想到第二天的情景居然与梦中有些相同，这是为什么？等等。

说实在的，学生提出的很多问题超出了笔者的知识能力。但笔者非常高兴，因为笔者认为，能够难倒老师的问题（尤指书本中找不到现成答案的问题），尤其是现实生活中的自然与社会问题，就是高水平的问题，就有科学研究的价值。学生养成问题意识的习惯，说不定哪一天他解开现实生活中的某个谜，就可能创造出人们意想不到的一个新理论，或者作出一项惊人的发明或发现。这种思维方式对学生将来从事实际工作，发现和解决实际工作中的问题无疑是重要的。

我们认为，问题意识实际上是马克思主义哲学用于创新过程时的起点。过去一些人之所以认为哲学无用，这主要是大多数人好像都不重视问题，甚至掩盖问题，老师也从来不让学生"产生问题"。没有问题，哲学当然就没有用了。马克思主义哲学本来就是用来分析和解决现实问题的。

四、培养学生的批判性品质

批判性是马克思主义哲学的另一个重要特征。要真正地理解马克思主义哲学，就必须学会马克思主义哲学的批判性。遇到问题不敢质疑、不善批判性地思考，就领会不到马克思主义哲学的真谛。即使对于经得起批判的科学的理论，也要批判性地理解和接受。加入了批判性，才能理解得更深。不假思索、不进行否定地盲目接受，即使对知识背得滚瓜烂熟，在应用中也是非常有限甚至是无用的。对于看似科学、实则不科学的理论持批判性的态度，则更是奥妙无穷。

在与学生讨论哲学问题时，我比较重视学生们批判性思维的培养。一方面，我常给学生做一种假设，如对哲学中的某个原理，假设它是错的，会出现什么样的状况。另一方面，我也常常寻找现实生活中的实际事例让学生来分析。例如，我引用报纸上一些关于基因理论的观点进行分析。一家报纸说：如果基因理论成功地研究出来，以后人们就可以准确地确定每个人的寿命年限了。我问同学们："假设基因理论真的成功研究出来，人们真的就能确定每个人的寿命年限吗？假设两个人的基因一模一样，但他们生活在不同的地区、不同的时期或不同的国家，他们的寿命会一样长吗？"学生们愣住了，都不敢做肯定的回答。这个看似没有问题的问题似乎也变成了问题。再例如，高一政治教材中说道：一个企业有个企业家般的好领导，企业就会发展，反之就衰败。我问同学们："一个企业有个好企业家，这个企业就一定会发展得好吗？"从而引导同学们从更全面的角度看问题。我与同学们一起讨论，利用某些时间专门寻找那些看似没有问题的问题。一些学生甚至从哲学练习题中找出了不少习题的不科学性。这些讨论与训练使学生们慢慢地养成一种不盲目相信和崇拜的批判性吸收知识的习惯。凡是与唯物辩证法基本原理相违背的任何观点、观念都值得怀疑，都必须以批判性的眼光去看待。

五、开展讨论，尝试寻求答案

开展课堂讨论，尝试寻求答案，可以活跃学生思维，活跃课堂气氛，并进一步领会哲学的基本原理。在哲学教学中，我常举行师生的共同讨论，各自发表自己的看法。有的学生喜欢提问题，有的学生喜欢解答，还有的学生试图做出科学假说，等等。例如，对于"为什么有些地方的青蛙出水时排着浩浩荡荡的长队？"就有同学作出如下的科学假设：青蛙能够释放出某种特殊气味，而青蛙出于安全本能，后面的青蛙跟着前面青蛙的气味走，于是形成了浩浩荡荡的长队伍。因为有些生命如蜗牛、蟑螂等就可以发出气味。毫无疑问，同学们做出这样的科学假设，从逻辑上来说是合理的，符合哲学上"具体到抽象""现象到本质"的思维认识规律。不过由于条件缺乏，尽管同学们作了实验设想，我们仍然无法作出实验来证实这一科学假设。马克思主义哲学把实践放在第一位。结论符合逻辑，只能说明它可能科学，没有实验来证实它，那么结论就只能是一种假设。

当然，很多的讨论最后都没有答案，因为笔者作为老师也同样答不出来。但我们认为，哲学课的讨论更应注重的是过程，而不必过分注重结论。学生们需要掌握的应是一种哲学思维过程与方法，这才是哲学智慧的根本所在。

应该说，哲学课的讨论使一些学生的思维变得异常活跃。一些学生不满足于课堂上的讨论，自发地写了一些联想论文，如《对宇宙膨胀论的质疑》《智慧的历史起源》《个体智慧的产生》等，且积极性很高地找老师讨论，甚至与老师争辩。从他们流畅而富有个性的语言中可以看出，他们是动了脑筋的。有的学生进入了较好的腹稿思维分析层次。

必须承认，在开放性的讨论中，很多问题是事先无法预料到的，有些问题甚至还可能令人尴尬。如有学生说："根据马克思主义哲学原理，任何事物都是一分为二的，那么马克思主义的理论也应一分为二，马克思主义理论具有无与伦比的科学性、先进性，也一定有其范围性、局限性，并没有穷尽真理。"当然，学生长大了，都有自己的主见。在不"反人类、反人性、反科学"的失去理智的情况下，笔者只是说理，不强迫学生。尤其是马克思主义理论的重要特点之一就是以理服人或以真理服人。限于自己个人的学识与能力，笔者无法说服所有学生，也不能使所有学生都能够顺利进入一种科学的哲学思维状态。

毫无疑问，在教学中，笔者也遇到很多困难与新的问题。

总之，在哲学教学中，我力图形成一种开放的、民主的、活跃的氛围，以充分寻求马克思主义哲学的博大精深的智慧。

写于2002年

载于《深圳教育科研》2005年第5期，

2003年后曾登在罗湖教育网上

注：2002年我所任教的深圳市行知学校进行"教师教育教学论文比赛"。学校要求主要写教学经验介绍文，笔者就结合自己的"哲学思维过程讨论法"的课堂教学写了上面的经验总结文。此文当时获本校"教育教学论文比赛"第一名。当然，写此文还有其他目的，如想告诉人们哲学学习并不仅限于哲学基本原理的学习，而哲学思维的学习更是一个博大精深的领域，等等。

另外，笔者在文中提到的"高水平问题"不包括下列两类：一是虚构问题或假问题。如"孙悟空为什么一个跟头能翻十万八千里？""吸毒为什么可防癌？"等等。二是具体知识问题。如"长江有多长？""声音的速度为多少？"等等。

此文可以看作是"文字与思维不同步之说"的续篇或哲学总结。

2009年10月16日

博客中的部分对话

石上泉声（2009-10-17 11:29:53）：

我有一个无法克服的弱点——对有真才实学的人，我毫不犹豫地流露出一种崇敬和嫉妒。你就是我既崇敬而又嫉妒的人。你的知识结构和思维广度是一般老师不能及的。师高弟子强，我为你的学生感到庆幸，他们走运，遇到了良师。

博主回复（2009-10-17 23:18:59）：

邓老师对我如此高的评价，真的使我感到不好意思。我们还是相互学习，相互沟通，共同进步吧！

浅谈哲学中的因果链条

因果链条是复杂的客观事物原因结果的无限性与人们研究中因果链条的有限性的辩证统一。人们研究复杂事物时通常是从结果开始去探讨原因。我们把最深层次的原因或能够解决问题的原因叫做"终极原因"。但是，人们在理论叙述中往往又是先从"终极原因"开始。从某种角度说，马克思的《资本论》是对客观事物复杂的因果链条联系形式的科学研究方法与科学叙述方法奇妙统一的光辉典范。

在事物联系的各种形式中，因果联系是一种非常重要的联系形式。从某种角度说，理论科学研究就是探索事物发展变化的各种因果联系。在因果联系中，最复杂的联系恐怕属于因果链条了。

因果链条是无限性与有限性的对立统一。因果链条反映了复杂客观事物原因结果联系的无限性，或者说它是一个原因结果的无穷系列。用图可表示为：

…… 原因 ⟶ 结果 ⟶ 结果 ⟶ 结果 ……

这种因果链条的结构通常表现了事物本来面貌的结构。

但是，如果从结果看原因，又可写成：

…… 原因 ⟵ 原因 ⟵ 原因 ⟵ 结果 ……

这种结构是从人的研究角度来看的。因为现实生活中的科学研究往往是从现有的现实结果开始研究，去探讨原因。这也就是马克思总结的"从后思索"的研究方法。

从复杂事物来看，往往是原因之前还有原因，结果之后还有结果。这种复杂的因果联系构成了奇妙的客观世界，但这也给科学研究带来了困难。

然而，尽管复杂事物表现为因果联系的无限链条，但实际上，在现实中，人们从事科学研究并没有必要对事物的无止境的原因进行探索。人们往往是截取因果链条中的一段进行研究。就像下图表示的一样。

…… 原因 ← 原因 ← 原因 ← 原因 ← 结果 ……

上图框内的一段类似于人们研究的范围。

从人们研究的范围看，因果链条又常常表现为一个有限系列。因此，因果链条是客观事物因果结构的无限性与人们研究中因果结构的有限性的对立统一。

那么，在事物无限性的因果联系中，人们从事研究应该探讨到哪一层次的原因最为合适呢？我们认为，相对于人类来说，原因的探讨以解决现实生活中的问题为准。如果一级原因的探讨能够解决问题，就没有必要探讨二级原因。如果一级原因不能解决实际问题，就必须探讨二级原因。二级原因仍不能解决问题就必须探讨三级原因。以至无穷地探讨下去，直到解决问题为止。

我们以为，这种能够解决问题的深层次原因就叫作"终极原因"。［笔者曾在《略谈作文腹稿的三种形式》（《中学语文教学》1997年第9期）一文中把"终极原因"称为"最根本最本质的因素"。］"终极原因"用图可表示如下：

…… 原因 ← 原因 ← 原因 ← 原因 ← 结果 ……

终极原因

理论科学研究，无论是自然科学研究还是社会科学研究，重要任务之一就是探索"终极原因"。当然，这里所说的"终极原因"是指客观事物内部所具有的一种本质性的客观存在，与某些理论中所假想的一种"万能的、永恒的、不变的'终极原因'"是风马牛不相及的。因为不同事物的终极原因是不同的，想一次就得到一个一劳永逸的"终极原因"是不可能的。

终极原因的探索非常艰难。尽管人类在分析解决问题的过程中自然而然地就有探索原因的本性，但大多数人习惯上探讨的原因常常是一种表面原因，有的人所探索的原因甚至是虚构的原因，而不是反映事物客观的深层本质的终极原因。终极原因是不以人的意志为转移的客观存在。在一组或一群同类复杂问题中，终极原因只有一个。资本主义社会系列问题的终极原因就是商品，生物领域系列问题的终极原因就是细胞。从某种意义上说，追求真理的过程也是追求终极原因。谁能探索到事物的终极原因，谁就获得了真理。

终极原因的唯一性实际上也告诉我们，在学科科学理论中，真理只有一个。"仁者见仁，智者见智"的现象只能说明真理尚未被人们探索到的情景。但这绝不是说，每个人的观点，甚至截然相反的观点都是真理。当然，从不同角度看同一个事物，往往也会出现"仁者见仁，智者见智"的现象，而这些不同看法可能都是对的。因为他们所反映的都是某一事物的侧面，而这些不同看法之间在理论上并不矛盾，只是条件等状况不同而已。

马克思寻求到了资本主义社会纷繁复杂现象的终极原因——商品，从而发现了人类社会规律及资本主义社会的特殊规律，从而也就发现了历史发展或社会发展这一特殊科学领域的真理。

"终极原因"是客观的，不是研究者凭借天才般的头脑假想的。检验一个原因是不是终极原因，虽然逻辑论证是不可缺少的手段，但最根本的检验方式是实践。由真正的终极原因所构成的整个科学理论体系，其所有层次的结论都可以从不同层次的实践中得到验证。而且科学越是发展，越是容易检测先前的科学结论。

然而，虽然说探索到了终极原因就是探索到了真理，但要想让这一真理为人们所了解或为人类所掌握，研究者的叙述过程也是要讲究科学的。据说西方物理学界曾出现过探索到了终极原因却由于不懂科学的叙述方法，结果桂冠落到别人头上的事例。

理论科学的叙述方法与研究方法在思维顺序上通常是相反的。研究方法是从结果到原因，如下图：

终极原因 ← 原因 ← 原因 ← 结果

而叙述方法却是按事物的发展过程进行，即从原因到结果的过程。如下图：

终极原因 → 结果 → 结果 → 结果

理论科学这种按照事物本来发展进程进行逻辑概括的叙述方法，就是马克思说的"逻辑与历史相统一"的辩证叙述方法。而终极原因就被马克思称为"叙述过程中的逻辑起点"。

从原因结果的角度说，马克思的《资本论》是对客观事物复杂的因果链条联系形式的科学研究方法与科学叙述方法奇妙统一的光辉典范。

以上是笔者在哲学因果链条联系形式的学习及教学研究上的一点体会与认识，不正之处尚请同行指正。

写于2001年

注：文中说的"逻辑与历史相统一"的方法据说是由黑格尔总结并首先提出的，但我认为，马克思对此加以了改造，并亲身实践，用这种方法分析、叙述现实问题。而黑格尔本人并未亲身用这种方法分析过现实问题。因此我们提出完备的"逻辑与历史相统一"的方法，主要归功于马克思。

此文没有投稿，因当时找不到合适的刊物。仅在2003年后登在了罗湖教育网上。当然，此文也可看作是"文字与思维不同步之说"的续篇或哲学基础，或者说是对"文字与思维不同步之说"的哲学方法论的一个方面的总结。

2007年

"本质"其实也是"现象"

——对哲学中"本质"的通俗理解

哲学上的"本质""规律"等词语确实给很多人带来了烦恼，尤其对于东方人来说，真的恼火。因为"本质"等词语是从西方传来的，中国古代并无"本质"之说。或者说，中国古人是采用其他中国式词语来表述的。当然实际上西方不少人对"本质"等词语也很恼火。例如，无论在东方还是西方，都有一种反本质的流派，认为世界上根本就没有"本质""规律"，这是哲学家们杜撰出来的。"本质"等简直就带有神秘性。

在中学哲学教学讨论中，我就个人的理解向学生谈了一点看法，试图使"本质"等词语"中国化""通俗化"。

所谓"本质"，我们认为，其实也是一种"现象"，或者说是一种特殊的现象。这种现象通常凭借人的器官（如眼、鼻、手、皮肤等）无法直接感觉到。世界上有两种"现象"：一种是我们的器官能直接感知的，另一种是无法直接感知的。就以牛顿的万有引力定律为例。地球存在着引力，这是一个客观"现象"。但这个"现象"我们的眼睛无法看到，手也摸不到，心灵也无法直接感觉到。即使发现这个现象的牛顿，自己也同样看不到，摸不到。但这个"现象"却客观存在着，在"力"的领域内还起着主导作用。

这种人的感官系统无法直接感觉到但又确确实实存在并在某个范围起主导作用的现象，我们称之为"本质"。这种表面现象背后的深层的看不见的现象常常决定着事物的性质。我们说，不承认本质的观点是错误的，是因为不承认本质实际上就是不承认现象。或者说，他们只承认看得见、摸得着、感觉得到的现象，看不见、摸不着、感觉不到的现象就不承认。这显然是荒谬的。人的直接感官系统的能力是非常有限的。就这一点而言，人类似乎比一些较高级的动物高明不了多少。人胜于一切动物的根本之处在于人能够认识事物的本质，即对于看不见、摸不着、感觉不到的现象也能够认识。人的认识本质的能力主要取决于人的思维。人的语言思维所具有的推理能力常常可以根据看得见、摸得着、直接可以感觉到的现象推理出看不到、摸不着、感觉不到而又实实在在存在的隐蔽现象或事物（单纯的形象思维不具有推理能力）。例如，我们可以用"语言思维"推理出动物有简单记忆、简单形象思维的能力的结论。虽然我们永远无法直接体验动物的感受，但我们的思维却可以根据动物看得见的表现，推理出动物的"形象记忆""形象思维"的能力。这就是人的思维主要是语言思维的特殊能力。

所以，本质是确确实实存在的，它常在人们看不见、摸不着、感觉不到的地方起着主宰表面现象的作用。人类要想有效地改造世界，就非得认识事物的本质不可。

注：这是在哲学课上与学生讨论"本质究竟是什么？"的时候，力图从某个通俗的角度所谈的个人见解。

2004年5月

还孩子一个快乐的童年

报纸引言：

本报1999年1月12日刊出的《13岁大学生，神童？》一文，在广大读者中引起很大的反响，大家纷纷来信来电，各抒己见。有些文章颇有见地，引人思索，给人启迪。我们在此选刊几篇，以飨读者。我们今后还将继续刊载类似的讨论，欢迎大家积极参与。

——《深圳青少年报》编辑部

读了1999年1月12日《深圳青少年报》以后，引起了我很多的联想。总的说来，对于十三岁"神童"的教育方法，我持反对态度。但问题又不是那么简单的。

首先，近些年来的考试确实偏向于背记，突出能力的方面远远不够。这就为死记硬背的教学方式提供了市场。十三岁变成了"神童"也就成为可能。然而，活的能力与死的知识的关系又相互交错，异常复杂，区分起来非常困难。尽管很多的专家学者在倾尽心血地研究这一问题，但目前还没有特别好的结果。考试制度突出能力的改革虽然也在进行，但这又不是短期内能解决的问题。然而我们相信，随着考试制度的逐步改革与完善，完全的死记硬背的方式会没有市场。

当然，必须承认，在知识的学习掌握中，有许多内容是需要背记，甚至是须"死背"的，因为头脑中的一定量的知识储存，尤其是一些人类精华的、有实用的知识的储存又是能力得以充分发挥的相对前提。完全否认"背记"的作用，我们认为也不是实事求是的态度。

尽管如此，我仍认为，十三岁"神童"的教育方式的"弊"远远大于"利"。

第一，这种"神童"教育是以牺牲青少年的身体健康为代价的。

第二，这种"神童"教育是以牺牲青少年的美好童心为代价的。

第三，这种"神童"教育容易使人产生心理变态（包括极度自私心理），从而给未来的社会带来巨大的麻烦。

第四，考上大学的"神童"并不等于"人才"。

天下父母，哪个不爱自己的儿女？然而，爱要得法，要按科学规律来进行。笔者也是子女之父，并且是聂老师的同行。由于地区的差别，作为一个普通的教师，虽然收入菲薄，但也还过得去，没有坚定的"养儿防老"的思想，因而在培养子女的问题上尽量按照较权威的心理学知识进行。例如，在女儿幼年时，我常带她看蚂蚁、看蝗虫、追蝴蝶、堆"城堡"、堆雪人、讲故事或从录音磁带听故事、音乐等，并鼓励其多与院中小孩接触。同时在玩耍中也教过女儿一年的口头英语，并发现幼儿对语音反应敏感，而对文字反应迟钝的特点。虽然自己知道，所教的大部分内容对于考试获高分没什么直接的作用，但我认为，这对于开朗的性情、友好交往的习惯的培养是有帮助的，至少带给了孩子一个快乐的童年。

将来孩子是否能考上大学，我没有死硬的强迫，甚至当她的英语没有取得班上第一名而闷闷不乐时，反倒是我开导她。将来她若能顺利考上大学，那当然是再高兴不过的事；若不能考上，她仍然是我的女儿。她经过学校十二年的学习（深圳基本上普及了高中），在未来能自食其力，独立生活，在与人交往中能尽量理解他人，不要太自私，我也就心满意足了。

当然，我不是一个善于教子的人，但对那种"超前"教育或"神童"教育（指单纯的书本教育而不是行为教育）是持反对态度的。

我们认为，世界上本来就没有"神童"。其实，早在150年前，马克思就已经回答了这个问题。然而，一些"神童"迷们就是不相信马克思的话，花了近百年的时间来寻找"神童"，或千方百计地制造人为的"神童"。这不仅违反客观规律，而且给青少年带来了很多不必要的身心灾难。一些家长可以不顾忌子女所承受的灾难，但国家和社会却不能不重视。

还给青少年充满活力、天真、快乐的童年吧！

载于《深圳青少年报》1999年3月2日

注：关于"神童"问题，我在"文字与思维不同步之说"中研究过，因而说，此文实际上与以前的文章仍然有联系。

2020年10月8日星期四

博客中的部分对话

尹剑初（2009-10-13 10:59:36）：

看来中国的教育体制非要进行大改革了。

博主回复（2009-10-15 15:46:20）：

改革教育确实是此文的初衷。谢谢尹先生的光临与指导！

毛家人（2009-10-14 06:46:26）：

非常赞同牛老师的观点，如果这个世界真可以把孩子训练成为"神童"的话，我倒愿意自己的女儿做一个自由自在的"傻瓜"。

博主回复（2009-10-15 15:53:59）：

谢谢毛先生的鼓励与支持！我也和先生一样，并不期望自己的小孩成为什么"神童"。

简论人文社科的怀疑方法

人文社会科学是非常复杂的科学。在人文社会科学内，可以说良莠不齐，是非混杂。人文科学的重要性虽然大家普遍承认，但如何保持人文社科的科学性、有益性，去掉该科学中的杂质、谬误，是人文社会科学界的艰巨任务。

然而，如何区分人文社科中的科学与谬误，如何将谬误清除，虽然可能有多种多样的方法，但科学的怀疑方法显然是最重要的方法。即我们在学习人文社科时，不能盲目崇拜甚至迷信，我们要时刻带着批判的眼光、敏锐的头脑，学会吸收有益的、科学的知识，将谬误杂草类的伪科学清除出我们的头脑。只有这样，我们才能成为真正的现代人，才能真正地做现代事，才能与时俱进，不断解决现实生活带给我们的新问题，从而有力地推动我们中国社会的前进，进而影响世界的整个进程。反之，如果不懂得怀疑，什么伪科学都一股脑儿地接受，什么鬼怪、迷信都相信，什么"人不为己，天诛地灭"等荒谬的观念都充斥着自己的头脑，那么，要想在现代社会里完成科学性越来越强的历史任务是不可能的，要想使社会沿着人类健康的大道行走是不可能的，要想使中国进入到一个和谐、富裕的小康社会也是不可能的。

可见，在人文社会科学的学习中，学会科学的怀疑方法是无比重要的。

然而，究竟怎样才能较好地掌握人文社科的怀疑方法呢？我们以为，下面几种方式很值得注意。

一、与科学理论相违背的思想、观点、观念等值得怀疑

我们在这里说的科学理论是指在实践中反复证明为正确的理论。真正的

科学经得起时间的考验，经得起现实生活的考验。即使时间走过了几百年，甚至上千年，它仍然会发出灿烂的光彩。欧几里得的几何学尽管是两千年前的产物，但由于它是真理，是科学，至今在数学界、建筑界以及社会的很多行业中仍然不可缺少。马克思的理论尽管是一百多年前的产物，但由于它是科学真理，至今仍在影响着整个世界，甚至在潜在中引导着社会前进。即使在西方，很多著名的思想家也不得不承认，马克思主义是永远无法清除的"幽灵"。事实上在今天，不仅东方，而且西方也越来越承认马克思主义理论的科学性及其对世界历史进程的深刻影响。"千年第一伟人""世界最伟大的哲学家"等对马克思的赞誉和称号近年来在西欧又复活了。

经过了时间与实践考验的理论，是现代人必学的科学。用科学的理论衡量是非，是现代社会的科学态度。在人文社会科学的学习与创新中，努力地将现实社会中的非科学观念及人文社科理论中的非科学知识与真正的被实践验证过的科学理论相对照，从而对那些谬误、杂草加以怀疑，并努力地剔除它们。这样，才能做一个名副其实的现代人。

二、与人性善意相违背的思想、观念、行为等值得怀疑

虽然人性的美好与完善需要很长历史的演进，在现代人类社会里虽然还在很大范围内存在着恶劣的兽性，勾心斗角、尔虞我诈、损人利己、强抢豪夺等残酷的现象依然存在，但我们应该为人类完美的人性修养而奋斗，要学会宽容、理解、互助等等。真正的科学是完完全全符合人性善意原则的。任何人文社科理论、思想、观念、行为等，如果违背人性善意原则，其科学性、正确性都值得怀疑。"人不为己，天诛地灭"的观念之所以值得怀疑和批判，就在于它严重地违背了人性原则。如果人人都为自己，不考虑别人，不考虑社会，试问人类世界还能存在吗？西方某些经济理论的前提就是"人人都是自私的"，那么建立在这种"人人应该自私"基础上的理论会真的科学吗？会真的符合人类社会实际吗？虽然我们不否认在现代社会里人确实有自私的一面（因为人是自私与为公的对立统一或综合体），但我们应该随着

社会的进步逐步缩小自私的一面而扩大为公的一面，逐步养成为他人、为社会着想的习惯。在不损害他人、不损害社会的前提下发展自己，在发展自己的同时造福社会。这才是真正的、科学的人性。

还有些经济学家主张以战争、灾难、浪费等伤害人类的残酷方式来发展所谓经济，这种严重违背人性原则的思想观点会是科学吗？这种违反人性原则的行为真的能带来经济的发展吗？真的能造福于人类吗？违反人性原则的理论、思想和观点就必须怀疑。

人的行为也是一样。任何违背人性原则的行为同样值得怀疑。如果为了多产煤而不顾及工人的生命安全，以工人们的生命为代价换取煤的高产或超额利润，那么不管有多么好听的"科学"名词或理由，都属于荒谬，都违反了人性原则。最近国家因煤矿事故撤销了几名"不作为"市长的职务，并追求责任，这应该说大快人心。为官者就应该把群众的生命放在第一位，这是中国最大的人性，当然也应该是世界最大的人性。

三、与哲学原理相违背的思想、观点、观念等值得怀疑

我们在这里所说的哲学原理是指唯物辩证法的基本原理。因为这是近百年来反复证明为科学的基本观点。世界上越来越多的人相信它。尤其是两千年新世纪的欧洲人似乎对此又重新狂热起来。唯物辩证法是一门非常特殊的科学。它来源于各门具体科学，但又为各门具体科学提供指导。在人文社会科学里，不管是经济学、心理学、历史学、人口学等都同样必须以唯物辩证法为基础，如果现实生活中及人文社会科学里出现了与哲学原理相违背的思想、观点等，毫无疑问，尽管大胆怀疑。因为生活告诉我们："凡是与唯物辩证法基本原理相违背的任何观点、观念都值得怀疑，都必须以批判性的眼光去看待。"（牛湘坤：《从哲学中寻求智慧》，《深圳教育科研》2005年第5期）

四、与生活实践明显违背的思想、行为等值得怀疑

哲学原理告诉我们：实践是检验真理的唯一标准。人文社会科学里的知识及现实生活中的很多观念一般是经过了实践检验的知识。但由于社会生活极其复杂，一些观念未必经得起时间与实践的检验。因此，在运用这些知识时，应反复地在实践中加以检验。与生活实践不相符的观点、观念应该加以怀疑，并尽可能地得出适应新形势的新观念。这样才能与时俱进。

经常保持怀疑、批判的态度是科学掌握人文社科的重要方法与手段。但是需要特别提醒的是："怀疑"绝不是没有根据的。没有根据的乱怀疑，甚至对早已被实践反复证明了的科学乱怀疑，只会变成"不可知论"者，变成无法分辨是非、无法分辨好坏的无头苍蝇。应该根据科学的理论、人性的原则、哲学的原理及生活的实践来进行大胆的怀疑，这才是科学怀疑的精髓。

注：此文是笔者与（深圳市行知学校）张丹锋老师合作所写（2005年9月），属于一篇"命题"文章。文章标题是深圳电大的一位老师所出，电大学生拿此标题与我和张老师商讨，我提供了主要的思想，张老师持笔完成了此文。后登载于《罗湖教育》2006年第1期。

此文也可以说是对以前文章如《文字与思维不同步之说》《试论我国医药商品市场价格周期性暴涨规律》《论人口素质》等文写作方式的总结。

2009年10月8日

小议理论创新的步骤与条件

此文主要是对自己的"文字与思维不同步之说"的创造过程的一个方面的总结。当然，在此之前我也曾读到过杜威等对理论创新步骤的有关论述。不过，写此文时，我并没有找到杜威等人的论述，而只能凭自己的体会写。至于理论创新的条件我还没看到谁写过，这是我自己加上去的。

2020年10月7日星期三

虽然说社会实践是理论创新的源泉，但并不是每一个参加了社会实践的人都能进行理论创新的，理论创新具有一定的步骤与条件。结合以前的经验，我把理论创新大致分为六个步骤。

第一步：从社会实践中发现问题。很多社会中的实际问题不是坐在书房里，凭空就能想象出来的。只有亲身实践，才能遇到问题，从而发现问题。

第二步：用自己的语言提出问题。这一点非常重要。发现了问题之后，这些问题往往还是模糊的，只有用自己的语言提出后，问题才会变得清晰。苹果掉到地上，我们很多人都遇到过。但牛顿用自己的语言问："苹果为什么会掉到地上？"从而使问题明晰化了，这就为他后来的解答思维开辟了道路。

第三步：寻根究底地找出答案。问题提出后，不能轻易罢手，而要开动脑筋，运用自己了解的所有知识，来作出解答。如果有现成的知识能够回答问题，那当然最好。但现实生活总是很复杂，很多问题总是难以找到现成的答案，这就只有自己来寻求新的答案了。毫无疑问，这是最艰难的过程。"本事"常常就在这里体现。

第四步：再到实践中检验思考结论。也许有的人在开动脑筋之后，真的找出了一个答案或结论。但是这个凭借思考而找出的答案是否正确呢？这就要重新回到实践中去检验。检验的方法有实验、观察、调查等。牛顿得出了"地球有引力"的结论，但这个结论对吗？这就必须再做实验。如果实验证明，任何比重大于空气的物体都会掉到地上，这就证明牛顿的思考结论是正确的。

所以，实践既具有"发现问题、提出问题"的功能，也有"检验答案或结论"的功能。

第五步：用简洁的文字表述答案。一切工作都做完了，最后的工作就是用文字表述出来。让所有的人都知道"谜底"。这个"谜底"或结论就叫做科学知识。科学知识越多，人类社会越发达、越文明。

当然，在表述"谜底"或结论的过程中也要讲究方法，建议了解一下马克思的"抽象到具体"的叙述方法，这可使人走点捷径，或说少走点弯路。据说西方物理学界曾有人找到了"谜底"却不知道如何表述，从而出现桂冠落到了别人头上的事。

第六步：提出建议或启示。这一般也表现在文字表述中。当解开"谜底"后，实际上也就知道提出什么建议，及对社会的启示了。

以上是我就个人的经验及理解作的六个步骤的说明。当然，这并非我的独创。实际上有很多人都提出过这样的步骤，尽管与我说的也许有细微的差别。例如，我国的胡适就提出过这样类似的步骤，外国的杜威也提出过这样的步骤。

接下来我想问的是：了解了理论创新的这样六个步骤，是否就真的能进行理论创新了呢？回答是否定的。因为如果要顺利地完成这样六个步骤，必须具备很多条件。在这里，我主要列出四个条件。

一是要具有"腹稿思维"①能力。"腹稿思维"这一名词，是我个人造出来的，它是指"打腹稿"一词的规范表达，我曾在以前发表过的文章中解释过。这种思维能力是"后天"产生的，它与人"天生"所具有的"自然思维"相对立。在教学中，我经常让学生们写"谈见解"的小论文，实际上就是让他们锻炼自己的腹稿思维能力。没有腹稿思维能力，仅凭人的自然思维，上面六个步骤就根本无法完成。

二是要具备质疑能力。当然，质疑能力也可以说是"批判性思维"。因为在进行第三个步骤——寻根究底地找出答案时，没有质疑能力是不行的。举例来说，"苹果为什么会掉到地上？"如果有基督徒对牛顿说"苹果掉到地上是上帝安排的，因为上帝安排了世界上的一切"，那么牛顿有没有质疑精神、批判性思维？这就成了问题的关键。如果牛顿有质疑精神，他就会想："上帝真有让苹果掉到地上的能力吗？"毫无疑问，在自然科学的研究上，牛顿显然是唯物论者，也具有质疑精神与批判性思维能力。

事实上，自己在思考"答案"时，也可能想错。那么还要敢于质疑自己，要有自我批判的精神。只有这样，才能完成第三个步骤。

三是要坚信哲学原理。在这里，我们说的哲学原理当然是指唯物辩证法的基本原理。这些原理是马克思和恩格斯正确地总结了一切具体科学而得出的科学结论（为简便起见，不展开分析）。对此必须坚信不疑，否则就无法完成第三步。正因为牛顿在自然科学上是一个唯物论者，他才能做出划时代的发现。

四是要有追求真理的科学精神。解开一个世界之谜可不是那么容易的。很多复杂问题可能要花好几年的苦思才能找到答案。没有追求真理的科学精神，就没有决心和胆量去寻求答案，去追求事物的本质。

所以，尽管我们知道了"六步法"的创新步骤，仍然不够，还必须提高

---

① "腹稿思维"的定义曾在笔者拙作《作文打腹稿浅谈》等文中作出过，见《湖南教苑报》2000年6月30日。

自己的腹稿思维能力、质疑精神或批判性思维，还必须努力学习哲学并坚信哲学，树立追求真理的科学精神。只有这样，才能在理论创新上做出自己的贡献。

2006年11月2日星期四晚
2020年8月30日星期日稍做修改

哲学研究的开端是好奇吗？

很多哲学家告诉我们，哲学研究的开端是好奇、惊讶或惊异。例如，柏拉图曾在《泰阿泰德》中说："惊讶，这尤其是哲学家的一种情绪。除此之外，哲学没有别的开端。""这地地道道是哲学家的情绪，即惊讶，因为除此之外哲学没有别的决定性的起点。"

亚里士多德也曾说："古今来人们开始哲理探索，都应起于对自然万物的惊异；他们先是惊异于种种迷惑的现象，逐渐积累一点一滴的解释，对一些较重大的问题，例如日月与星的运行以及宇宙之创生，作出说明。一个有所迷惑与惊异的人，每每惭愧自己的愚蠢无知；他们探索哲理的目的是想脱出愚蠢。显然他们为求知而从事学术，并无任何实用的目的。"

很多人似乎很相信这些哲学家们的话。然而我以为，话虽有一定的道理，但不完全正确。在现代社会里，完全凭好奇的哲学研究是没有动力的，尤其在越来越复杂的现代科学研究中更是如此。

一般说来，现代科学问题不是一般的常识问题，它通常是一种人们没有发现过的或即使发现了也没有答案的问题。这种问题通常都很复杂（当然揭开其谜底后也许简单），绝不是一两天或一两周就能解决的问题。它通常需要研究者运用浑身的解数，尽可能地利用人类所有的知识（其中哲学知识所占比重最大），并以顽强的毅力经过较长时间的苦思性的探索，方能从理论上加以解决。而好奇通常是不具备给研究者这样大的动力的。好奇仅仅是一种表象，它的作用主要是提醒研究者这里面可能大有文章可做。但研究者是否愿意去研究，是否愿意花费巨大的精力去寻找问题的答案，取决于该问题的社会意义，即对社会有无好处，或好处大小状况。一个很有价值的科学问题虽然令人好奇，但好奇里通常隐含着巨大的社会意义。研究者在一开始往往就意识到了：这个好奇的问题如果得以解决，对人类、对社会、对国家、对自己都有好处。究竟有什么好处？研究者也许处于朦胧的状态，但他显然意识到了"有好处"，也许是很大的好处。这样，他才会有意识地进行研究。如果一个问题很令人好奇，但研究者意识不到它的社会意义，那么研究者思考探索一段时间而得不到答案时，是很容易放弃研究这个问题。尤其在现代社会，人们的工作大多繁忙，哪有精力去为好奇而解谜？所以说，问题的社会意义（即对社会有好处）是研究者从事科学研究的最大动力。

希腊哲学家的"为求知而从事学术，并无任何实用的目的"以及"哲学起于惊异"的观点并不完全正确。用马克思的哲学术语来说，"改造世界"是哲学研究、科学研究的根本动力。

当然，尽管我们不完全赞同柏拉图、亚里士多德等哲学家的观点，但我们还是认为，培养孩子和学生们的好奇心，仍然是走向哲学殿堂的奇妙之路。

2003年6月

注：文中的体会与见解当然也主要来源于"文字与思维不同步之说"的创作体会。

宇宙有边界还是无边界？

——哲学随笔

宇宙究竟有边界还是无边界？马克思主义哲学其实早已给出了答案，即宇宙无边无际。然而爱因斯坦却说，宇宙是"无边有际"的。所谓"际"当然也是指"边"。也就是说，爱因斯坦认为，宇宙既有边界又没有边界，或者说，宇宙既是无限的又是有限的。那么，究竟是马克思说得对，还是爱因斯坦说得对？其实，仔细追究就会发现，两人说的都是对的，只是条件或角度不同而已。

对于马克思的观点，人们很容易理解。然而对于爱因斯坦的观点，人们就觉得有点玄虚了。其实，爱因斯坦在这里卖弄了辩证法。

宇宙从纯粹客观的角度来说，是无边无际的。人们的经验很容易解释这个问题，即假设宇宙是有边界的，那么边界外面又是什么呢？因而"无边无际"是宇宙空间的必然结论。

然而，从科学研究者个人的角度来说，宇宙又表现为有限的空间。因为任何一个个人都不会也不可能对无限的宇宙进行研究，他往往截取无限宇宙中的一小部分进行研究。因而从人们的科学研究的这一角度说，宇宙又是有限的，有边界的。因此说，宇宙是客观上的无限与主观上（或思维中）的有限的对立统一。

其实，笔者在《浅谈哲学中的因果链条》一文中已间接地谈到过这个问题了。因果链条从客观的角度说，本是一个无穷系列。但人们在研究中，只能截取无限因果链条的一段进行研究。因而从人们的研究角度来说，因果链条又表现为一个有限系列。

因果链条的有限、宇宙空间的有限，本是人们从事科学研究工作的必要，但它绝不是说，宇宙空间真的是有限的，因果链条真的是有限的。

现在的问题是，马克思为什么不把"无边有际"的宇宙空间学的观点写进他的哲学原理中呢？我们应该说，这就是一般哲学家与现实哲学家的区别了。哲学的用途就像宇宙空间一样是"无边无际的"，它在任何科学领域、任何生活角落都可以用得上。但对于一个现实的哲学家来说，他只能将哲学用于人类最急切的问题上。每个现实哲学家都有他所处时代的最急切的问题。马克思最急切的问题是"人类解放"，列宁最急切的问题是"一国胜利"，毛泽东最急切的问题是"民族独立"，邓小平最急切的问题是"百姓富裕"。如果马克思主义的哲学中用宇宙的"无边有际"代替"无边无际"，首先就会使简单明了的哲学原理变得啰唆，因为它必须用很大的篇幅来解释这种仅在思维中暂时存在、而在现实中并不存在的"相对有限"。另外更重要的是，这种啰唆的解释很容易使初学哲学者将注意力转到那种对当时现实毫无用处的"经院哲学"的争论上，而忽视现实中最急切的问题。

事实上，爱因斯坦虽然提出了宇宙的"无边有际"的观点，但他并不敢说马克思的观点是错的。因为他非常清楚，在辩证法大师面前卖弄辩证法，是必须十分谨慎的。

"宇宙空间的既无限又有限""因果链条的既无限又有限""时间的既无限又有限"等观点，是辩证法在具体学科中的应用，不过，当这种应用脱离某一时代的现实太远的时候，笔者有时也把它叫做"辩证法游戏"。

写于2006年1月11日

最近我看到了某些读者对我文章的意见反馈，感到人们对无限性与有限性的理解很疑惑。所以这种复杂啰唆的问题写入哲学真的很麻烦。马克思主义哲学原理不写入它应该是有道理的。我个人也感到解释很麻烦，所以建议读者看看我写的《浅谈哲学中的因果链条》一文，从理解因果链条的无限性与有限性的角度来理解宇宙的无限性与有限性。

2020年8月23日

博客中的部分对话

肖方亭（2009-11-27 17:29）：

我对哲学可否这样理解：哲学所解决的问题就是所有科学还解决不了的问题。研究这个世界的是科学家，那研究世界以外的就是哲学家。可否这样理解？实在不好意思，给您添麻烦了。

牛湘坤回复肖方亭（2009-11-27 23:59）：

我非常高兴先生对科学与哲学感兴趣。我能力有限，解答不全。下面试作一答：科学要回答的是世界上一切未知的具体问题，如"苹果为什么会掉到地上？""大西洋两岸为何呈现相同的'S'形？""现代社会为什么会产生经济危机？""当代世界为何还会发生战争？"等无数的问题。而科学家们要想正确地提出和回答这些复杂问题，必须用上一种特别的"提出问题"与"寻求答案"的"研究思维"，而这种研究思维就是人们常说的"哲学思维"，即"遵从哲学原理的寻根究底的思维"。而哲学主要就是研究"科学研究思维"或"哲学思维"，哲学原理就是科学研究思维必须遵循的知识、规则或原则。哲学从事这种研究的目的是为以后的人们从事科学研究提供方法，以免后来的人从事科学研究走弯路。要知道，这个弯路一走就可能是几年、十几年。人生的旺盛期能有几个"十几年"？当然，简单的问题是不必用上复杂的科学研究思维的。另外还有一个"科学叙述思维"的问题，也是个复杂问题，此处就不说了。

现实生活中很多人从来没有从事过科学研究，甚至根本就没听说过"科学研究思维"，却在大谈特谈哲学的无用性、荒谬性等等。我认为这很不严肃。

系统的、完整的、经实践证实了的对疑难问题的回答或解释就叫作科学知识，系统科学知识的基础或内核叫做科学抽象，正是这种艰难的科学抽象阻拦了无数的人成为科学家。符合逻辑但未经实践证实的回答叫做科学假说。

很多人以为哲学是对"科学知识"的总结，其实不是，它主要是对"科学研究过程"的总结。当然，如果人们对科学不感兴趣，不想研究任何问题的话，哲学其实是无多大用的。学校教育如果只想要学生学知识、背知识，而不想要学生创知识的话，哲学其实也是无用的。当然，即使不创造知识，学哲学也是必要的，否则会对一些用哲学分析问题的人所讲的话听不懂，甚至还可能被一些诡辩所欺骗。

"哲学所解决的问题就是所有科学解决不了的问题"，我认为这句话是误解了哲学。"研究这个世界的是科学家，那研究世界以外的就是哲学家"也是对哲学的误解。哲学主要是研究科学家的"科学研究过程"，从而告诉一般人如何研究问题。

我刚从外面回来，仓促作答，仅供参考。

补充我对哲学的尝试性简化解释

我尝试用我所创的"文字与思维不同步之说"对哲学作一个简化解释，仅供参考。

哲学应该包括哲学思维与哲学原理两个方面。

1. 我们认为，"双重腹稿思维形式"实际上就属于哲学思维，与该种形式有关的其他思维大概属于哲学思维的派生形式，即属于哲学思维的范围。

2. 对双重腹稿思维形式尤其是该形式中的"研究过程"的思维特性进行总结而得出的各种结论、规则就应该是哲学原理。如物质第一性思维第二性原理、对立统一规律、因果联系、人具有主观能动性、量变到质变以及质的飞跃、事物运动具有规律性、认识的规律性、实践出真知等很多原理都可以从"研究过程"的思维特性中总结出来。

也许人们不赞同我的说法，但我只能说，我自己的心里确实是这么认为的。我后来的很多见解及对西方哲学包括杜威等的某些评论也是在此基础上进行的。

在此重复一遍，我将哲学简化的说法仅供人们参考！

2009年11月28日

2022年1月3日稍改

小牛（2009年11月29日）：

"因为任何一个个人都不会也不可能对无限的宇宙进行研究，他往往截取无限宇宙中的一小部分进行研究。因而从人们的科学研究的这一角度说，宇宙又是有限的，有边界的。"——这里只能说研究的宇宙是有限的，和人们平时所说的宇宙不一样吧，是不是偷换了概念呢？

牛湘坤回复小牛（2009年11月29日）：

我想先生应该没说错，可以说是偷换了概念，严格说是改变了条件。宇宙在客观上是无限的，但爱因斯坦将条件改变了，改成了主观上，即人们的思维上。在人们的科学研究思维中，宇宙确实表现为有限性。所以我也建议你读读《浅谈哲学中的因果链条》一文，也许有帮助。马克思闻名的科学作品《资本论》，研究的是一个非常复杂的但还是有限的因果链条。在客观上，因果链条是无限的。当然，对于科学家来说，因果链条究竟研究到什么程度合适？我在文中也做了一个基本的"度"的解答。

从唯物辩证法到学校知识教学漫议

唯物辩证法是对客观世界一般规律最科学的概括和总结，它横跨任何科学领域，纵跨整个人类历史。所以，唯物辩证法尽管有着无限的发展空间，有着"与时俱进的理论品质"，在不同的时代，它的形式及内容会发生新的变化，但是，要想推翻唯物辩证法，在整个人类历史中都是不可能的了。凡是以科学的态度认真地批判过唯物辩证法某些原理的人，最终必然反过来成为辩证唯物论者（这也是笔者个人的经历）。这是因为，真正的科学是经得起任何批判的。恩格斯曾说，唯物辩证法是唯一正确的方法，这在一百年前是真理，在今天也是真理，在将来的任何历史时期都是真理。**任何一门科学的创立，其每个结论必然与唯物辩证法的基本原理相吻合，至少不相矛盾。**这种从科学研究实践中总结出来的唯物辩证法的原理实际上又能反过来为人们从事科学研究作指导。所以唯物辩证法实际上又是人们进行科学研究的思维原则。**凡是与唯物辩证法基本原理相违背或相矛盾的任何"科学"必定是伪科学，**至少是不完善的科学。在这里，必须特别注意的是，唯物辩证法是人们分析问题，尤其是科学研究过程中必须遵循的思维原则，但它不是思维本身。**一些人以为学习了甚至背熟了唯物辩证法的某些基本原理就等于学会了思维，这是误解。**唯物辩证法对于懂得有意识分析的思维者来说是有用的，但对于根本不懂得有意识思维的人来说，用处甚微。对于这种人来说，要么是死套唯物辩证法的基本原理，要么就是认为，唯物辩证法是在实践中没用的空谈理论。

在科学研究过程中，必须把唯物辩证法当作思维的原则，研究过程中所得出的任何一个结论一旦与唯物辩证法中的基本原则相违背时，唯物辩证法实际上就在提醒研究者，你的思维错了，必须重新思维，必须寻找别的思维路径。这就是唯物辩证法在研究思维过程中的重要作用之一，即衡量思维路径和结论是否可能正确的标准。如果思维结论与唯物辩证法的基本原则相符合，则表明这种结论"可能"是科学的或正确的。但究竟是正确的还是错误的，则应采取各种可能的实验方式或到实践中重新观察与调查，来检验自己的结论是否正确。

唯物辩证法在研究思维过程中的另一个作用是作为研究者的思维动力。"事物是可知的，是有原因的、有规律的，其产生隐含着必然性"等很多基本原理是研究者的毅力之源。一个不相信、不理解唯物辩证法的人是不可能具有这种科学研究的毅力的。对于现代自然科学家来说也必须坚信唯物辩证法，因为在现代社会，凡是简单一点的自然科学知识基本上都被人们发现了。凭借朴素唯物辩证法和机械唯物辩证法能够发现的知识基本上没有了。自然科学的进一步突破必须到复杂领域去探索，而在复杂的自然科学领域内，如果没有现代唯物辩证法作指导，几乎寸步难行。

辩证逻辑，即以唯物辩证法的原则为指导的思维逻辑是人类社会中最高级的思维逻辑。辩证逻辑是包含或扬弃了知性逻辑或形式逻辑的高级逻辑。辩证逻辑批判形式逻辑轻而易举，但形式逻辑批判辩证逻辑却难于登天。世界上没有一种逻辑能够"批倒"辩证逻辑，因为**辩证逻辑是一种实践逻辑，**或者说，要想"批倒"辩证逻辑只有一个办法：实践或思考现实生活。以辩证逻辑思维方式写成的《资本论》《帝国主义论》只有实践才能检验它们。如果美国在未来能完全避开经济危机的阴影，对外不发动侵略战争，则表明马列理论是错误的。如果躲不开经济危机的阴影，不停地轰炸南联盟、伊拉克等一系列国家，则说明马列理论是正确的。除此之外，没有别的逻辑检测方法。一些人试图以知性逻辑或形式逻辑的方式批判马克思的价值理论、劳动二重性理论、平均利润率理论等，其实这是徒劳的，是不懂逻辑的表现，至少是只懂形式逻辑而不懂辩证逻辑的表现。

有些人想研究社会主义的某种特殊规律，这是令人敬佩的，但他们把研究的起点放在对劳动价值理论的批判上，以为"不破不立"，"破"了劳动价值论，才能建立社会主义经济理论，这是荒谬的。**研究的起点必须放在现实生活中而不是某个理论上**，并且研究的过程及结论必须与唯物辩证法相吻合，至少不违背，否则在（辩证）逻辑上就不能成立，就是伪科学。

辩证逻辑是在知性逻辑或形式逻辑基础上产生的。知性逻辑或形式逻辑是在自然思维逻辑的基础上产生的。所谓自然思维逻辑是指人"天生"所具有的思维逻辑（我以前的文章曾叙述过）。当人的自然思维逻辑转化成能用文字表达的时候就变成了知性逻辑或形式逻辑。当知性逻辑从现实生活中的"矛盾"着手进行思维分析的时候，在恰当的条件下，就逐渐转化成了辩证逻辑。辩证逻辑是实践的逻辑，它对文字游戏或脱离生活实际的抽象逻辑或抽象思辨不感兴趣，它的兴趣点是现实生活。

自然思维逻辑可以转化为知性逻辑中的文学思维逻辑和分析思维逻辑。**但辩证思维逻辑是在**包括批判思维在内的**分析思维逻辑基础上产生的**，而不是在文学思维逻辑基础上产生的。我们的中学教育很重视培养学生的文学思维逻辑，但在很大程度上忽视了学生的分析思维逻辑。这就使得很多学生在从学校毕业之后很难产生辩证逻辑思维能力。而科学创新及社会生活中复杂的实际问题的解决是必须以辩证思维逻辑为基础的。因此，学校教育应该加大学生分析思维逻辑的训练，为学生掌握辩证逻辑思维能力奠定基础。分析思维逻辑的训练应以现实生活作为训练内容，同时应加大质疑、驳斥或批判文章写作的训练。练习写质疑、驳斥或批判文章对培养辩证逻辑思维有极大的好处，一个不会写质疑、驳斥或批判文章的学生很难产生辩证逻辑。对于学生所写批判文章中的错误观点，作为练习，只要没有对社会造成严重的负面影响，都不应大惊小怪。目前的高考作文有从记叙文考试向议论文分析文考试转化的倾向，我们认为，这也是人们对人的思维水平要求越来越高的必然反映.

当然，目前中学普遍不愿意花更多的时间来训练学生的批判思维与分析思维，一方面是这种训练方式难度太大，人们难以把握。再加上班级太大，学生众多，师生难以互动，相互文字交流困难等训练的客观条件太差。另一方面是考试中对学生的批判思维、分析思维，尤其是创新性的分析思维不好检测，而知识的复记能力在考试中是最好统一检测的。在我国大学极为有限的状况下，又只能以考分作为标准择优录取。而这种以考分为唯一标准的教育方式又使学生在12年的学习中浪费了很多光阴，也使老师白花了很多气力。例如一些老师的教学任务就是强迫学生死记硬背书本知识（我过去的教学任务就是如此）。一位曾经在深圳市统考中使学生获得平均分数第一名的年轻老师私下介绍的教学诀窍是："背了默，默了背。"目前的考分在一定程度上能检测学生，包括检测学生的记忆能力、理解能力、下功夫的毅力，以及求上进的心态等。但它不能囊括学生的实际能力，甚至学生的主要能力如思维能力、科学是非判断能力、追求真理的科学精神等也不能囊括。

对于知识，不能过分迷信。现在很多人对"知识就是力量"的名言表示怀疑，这从某个角度来说是有道理的。因为人们在实际生活中很少直接用到科学知识。**一般情况下，人们是凭借自己的经验及"天生"的自然思维能力生活**。对于有意识思维能力强的人，才较容易用到科学知识。或者说，科学知识的应用是有条件的，它以应用者的有意识思维能力为基础。有些学者调查研究后认为，很多书本知识掌握得好的大学生在实际生活中也仅是凭借经验而生活。笔者曾对某些老师作随机抽样调查，问到他们学到的知识，在生活中什么用得最多，什么用得最少。他们普遍回答，数理化是生活中用得最少甚至是几乎没用过的知识。这与"学好数理化，走遍天下都不怕"的观念恰巧相反。当然，教师职业也许是与数理化无缘的特殊行业，算不得数。但是，知识的作用恐怕没有人们想象的那么大。

笔者也曾经创造过几个小知识。比较有代表性的是"文字与思维不同步"之说（《中学语文教学》1997年第9期与1996年第12期）。假设要笔者向自己的学生讲授自己所写的小知识，那么我想用马克思曾经说过的话来形容自己个人的感受，即痛恨学生死记硬背自己所写的知识（马克思非常讨厌德国青年死背《资本论》"赶时髦"的做法）。如果学了不能领会，不会应用，不能自我体验，即使在背记上打了100分，那又如何？

我想，那些大科学家们，辛辛苦苦创造了科学知识，绝不是让人们去死记硬背的。他们是让别人懂得某种道理，然后按照客观规律去思维、去做事。如果不会按照客观规律去思维和做事，背记了这些知识又有何用？**人们在实际生活中解决问题，不是先考虑知识，再解决问题，而是先在实际生活中发现问题，并用自己的语言明确提出问题，然后大范围地联想各种知识——几乎是个人所知道的人类所有知识（包括自然科学知识和社会科学知识）来解决它。如果有现成的知识，就利用它。如果没有，则在遵循哲学原理等前人科学知识的基础上创造新知识来解决它（实际生活中的大部分问题都是没有现成答案的）**。而所联想到的大部分是蜻蜓点水般的知识，即有印象但记得并不牢的知识。因为如果门门知识都要记得牢，人又不是电脑，哪有那么大的能耐？况且，真要把门门知识都记牢，不要说一辈子，恐怕十辈子也记不完。而且也没有必要这么做。读书期间，死记一门或几门知识，势必要影响知识的广博性及思维的精湛性。另外，如果一个人发现不了或不善于发现工作中的问题，或根本没兴趣去注意和改进工作中的问题，只满足于现状，那么一些记得很牢的知识实际上也派不上用场，甚至一辈子都派不上用场。最终还是凭经验及自然思维工作和生活，或最多加上某种专门培训过的技能生活。

美国学校对学生的知识学习好像不是很感兴趣，学生所学知识杂乱，书本知识量很小，且学生学得也不牢固，根本经不起考试的检测。中国的所谓差生在美国的考试中好像也能变成优秀生。美国的这种教学方式也没有完全科学或完全说服人的教学理论作支撑。大概他们是凭借着自然科学家及哲学家们的研究实践、经验及宗教的某些人文思想而得出的某种感性认识（西方的哲学家和科学家偏多，中国的工程师相对偏多，科学家相对偏少）。所以他们对学生研究思维的训练还是比较感兴趣的。虽然这种训练看起来好像是在一种松散的教学方式下进行，但教学的结果还是有几点令人吃惊的。第一点是学生的自信心非常强，学生好像都觉得自己很聪明，甚至无形中表现出自己比中国人聪明。美国学生这种自信心是中国学生无法比的。其实，对老师考试也是一样，笔者与学生同时考试，发现不少的高考题自己也答不出，因为很多题自己根本不会去背记。考试中的一些文字游戏在实践中是根本不可能出现的。自己在知识上虽然略强于学生，但强于学生最明显的地方在于思维或分析。第二点是美国学生的思维比较开阔，包括演讲能力特别强。**我们中国的中小学教育对演讲尤其是即席演讲从来不重视**，因为演讲对"腹稿思维""二级语言表达"有提高作用，但对考试记忆毫无用处，所以中国教师都不喜欢它。西方的教学方式对我们来说也许不能完全搬用，但还是可以借鉴的。

现代科学研究认为，人具有很大的潜力与发展空间。从马克思恩格斯的个人素质来看，似乎也是这样。马克思恩格斯自然知识之广博、社会知识之广博、思维能力之精湛，常常令我们汗颜。我们这一辈做老师的由于特殊的历史条件没有受到过广博知识、精湛思维的教育训练，然而，我们不能让学生也像我们一样，孤陋寡闻，见识浅薄，思维贫乏，来回背诵着几本书。我们需要从西方引进先进的科学理论尤其是自然科学理论，引进西方先进的技术手段，然而我们不能仅仅满足于引进，我们自己也要创新，要与时俱进。**一个重大的新的科学理论，无论是自然科学理论还是社会科学理论的创立，常常会引起社会的变革**、生活方式的变革、思维方式的变革，从而加速经济的发展，加速社会的前进。当然，重大的科学理论的出现一般也必须以"百家争鸣"的其他理论作先导。我国近几十年发展较快，这并不完全是"现代技术"的作用，这主要是"初级阶段理论"的创新使很多有效的发展方式合法化了，以及我国社会制度本身潜在的优势所起的作用。没有这些，再先进的技术也发挥不了作用。改革前的历史充分证明了这一点。当然，目前社会成员的个人素质也是普遍偏低的，这也是制约发展的一个重要因素。

目前我国教学改革的呼声很高。除了对教学过程进行改革以外，大学的招生方式恐怕也需要改革。一方面是在条件允许的情况下增加大学，另一方面是原有学校扩招。这两方面目前我国也正在进行。但还有一个方面值得重视，即有的学者提出将很多大学改为两年制，我们以为这似乎也是个好方法。因为这在原有大学规模不变的情况下，进一步扩大招生范围。更何况美国等国也曾这么做过，我们有一定的经验可循。实际上，一个人一生中正规学习十四五年，也就差不多了。所学的知识及能力训练也就基本到位了。当然这不包括应试教育。

有人认为，大学扩招会带来一个弊端：大学生太多而导致大学生失业。我以为这是一种等级观念在作怪。在人们看来，大学生毕业后就应从事高薪的工作。如果拿高薪的工作不够，大学生就失业了，"人才"就被浪费了。其实，拿高薪的工作不够，拿低薪又有什么不好？难道扫地的、种田的天生就没有资格当大学生吗？都是大学生，有什么不好？我在美国见到一些摆小摊的、卖蔬菜的也是大学毕业生，他们好像没有什么不好意思。在他们的观念中，工作好像没有高低贵贱之分（当然在商品社会内，工作岗位等级还是会表现出来的）。其实，同样是扫地的工作、种田的工作，素质高的大学生与素质低的人在工作中还是会表现出重大差别来的，从而在客观上也会抬高这些工作的工资待遇，听说日本就是这样，从而缩小社会分工所带来的巨大收入差别。当然日本虽然缩小了体力和脑力劳动者之间的收入差别，但并没有缩小财团与百姓的收入差距。但我认为这主要是他们的制度使然，而不是他们的做法错了。

另外，还有一点人们常常忽视，就是人们总认为读大学、学文化就是为了将来获得好工作。获不到好工作就没有必要上大学，甚至一些高级学者也这么认为。从高雅的宏观角度说，读大学就是为了掌握建设国家的本领。其实，人们忽视了：**当一个人的科学素养高时，他的业余娱乐生活，将来退休后的老年生活也会变得十分丰富、健康，甚至高雅**，总有自己安排的做不完的事。而一个文盲老人，除了找人聊天好像就没有别的爱好，而聊天的内容也只是一些家长里短的琐事。一旦无人聊天就觉得十分孤独，度日如年，甚至无端地找儿女们吵架。所以，文化水平、科学素养与业余生活、老年生活的丰富、健康、爱好，甚至高雅成正比。这一点常常被人们忽视。

　　最后想重复的是，自身**科学知识多**不等于科学素养高。"高学历文盲"现象——缺乏科学素养者、不懂如何思维者已经出现了。既然应试教育下的中学无法在科学素养上培养学生，大学就理所当然地必须承担这一任务。既然数理化等自然科学只教知识，而不教科学的思维方法，哲学课就理所当然地必须承担这一任务。

可能写于2000年

　　注：这是一篇没有写完的"漫议"杂谈，是当时一时兴起，一口气在电脑上写了这些。但后来被别的事情打断了，从此就"扔"在了电脑里被忘却了。最近查电脑时，找到此文。觉得文中的思想基本上还是自己现在的思想，故也列于此。

2009年10月10日

　　此次重读该文，画了一些粗线，并发现文中不少思想仍然来自于"文字与思维不同步之说。"

2020年10月11日

知识、操作、创新能力的相互关系

——电脑学习过程中的一点感想

这是在课堂上利用自己的电脑培训学习，向学生们解释知识、操作及创新能力的问题。

我自己在教学备课、试卷设计、同学们的作业修改及各种文档的编辑与处理中对电脑的使用，可以说已经是很频繁的了，这个同学们都知道。然而，我应非常遗憾地告诉同学们，在不久前的教师电脑考试中，自己所取得的分数却是不及格。为什么一方面能够较熟练地操作电脑，另一方面考试分数又不及格呢？

我认为，这里实际上存在着基本知识、操作能力与研究能力的区别。所谓电脑基本知识是指电脑结构和电脑运行的一些原理、规则等。所谓电脑操作能力是指电脑的具体使用，例如，使用电脑编辑文档、打字、画表格、计算数字等等。我虽然通过亲身操作、自学、摸索等过程学会了初步使用电脑，但是，我对电脑基础知识毕竟没有系统地学习过。对电脑的主机、副机等的结构可以说是一窍不通，对一些编码之事更是摸不着头脑。因此，当电脑考试中考这些基本知识时，我无法答出。

尽管如此，我认为，这并不表明我不能使用电脑。这就如同深圳儿童公园的儿童飞机操作员一样，操作员虽然懂得使用电钮来启动和关闭飞机的运行，但对于飞机为什么能运行，它的结构是怎样的，操作员实际上是可以不懂它的。

基本知识虽然和操作能力密切联系，但它们之间实际上也具有相对独立性。因此，如果认为学习了基本知识，就会自然"迁移"而产生操作能力，或者认为基本知识没有获得高分，就不可能具备操作能力，都是片面的看法。如果认为一些"高分"学生不经过实践学习就可以自然产生能力，或者认为现在的所谓"差生"将来不可能成为"操作高手"，那就大错特错了。在现代化的教育教学中，我们应努力挖掘每一个同学的潜能，而不仅仅是注重少数"尖子生"。

至于研究能力，则更为复杂了。我们认为，研究能力的本质实际上是指新知识的创造能力。它须具备很多条件，如基本知识、顽强毅力、探索精神、高度的社会责任感、科学的思维分析能力或科学的方法论等。例如，假设一个人想创造一个对我们国家有用的新的电脑程序或软件，那么，首要的任务就是必须学习电脑的基本知识，弄清楚现行电脑运行的基本原理。因为这是电脑程序创新能力所必须具备的条件之一。创新必须站在"巨人的肩膀"上进行。没有"肩膀"这个基础，就绝不可能在电脑软件或程序的设计中创新。

当然，仅有电脑的基础知识，对于创新来说仍然是远远不够的。还必须学习和领会科学的思维方法。

基础知识与科学的思维方法或创新的能力虽然关系密切，但它们也具有相对独立性。创新能力的具备离不开基础知识，但具备了基础知识并不等于就具备创新能力。掌握和领会了科学的思维方法是创新能力的一个重要条件，具备这个条件，还必须掌握基本的知识。爱迪生虽然在实践过程中具备了创造动机和很强的科研能力，但他却感到基础知识的不足，因此，他花了半年时间回过头来学习数学和物理知识。当然，这也可以反过来说，具备了创新意识和科学的思维方法也会对一个人"知识的自学"产生动力。因此，在现行的教学中，决不要认为教给学生创新意识和科学的思维方法会耽误学生学习知识，因为它对"知识的自学"实际上会产生很强的动力。

我们职业学校的同学，根据现状的情况分析来看，很多人虽然可能由于各种各样的原因，例如兴趣、爱好、记忆、理解等等，与重点中学的学生相比，在知识的学习和掌握中，确实存在着一些差距，然而，这并不影响我们对操作能力的掌握，也不影响我们创新意识和科学的思维方法的培养。因为操作能力、科学思维能力的学习与掌握也具有相对的独立性。我们没有必要把小学、初中的基本知识掌握得滴水不漏，然后再来学习科学的思维方法。

实际上，人类单纯接受知识的能力是很强的，这种"强"甚至可以说到达了惊人的程度。我们的前辈花了三四十年的时间所创造的知识，对于我们来说，只需要很短的时间就可以学会。当然，他们创造知识时的科学思维方法的运用，如果不去有意地学习和领会，是不可能掌握的。

总之，基本知识、操作能力、创新能力之间的关系非常密切，互相促进，但是它们之间又具有相对的独立性，它们可以相对独立地学习和领会。创新能力是我们受教育的最终目标，是社会前进的动力。

让我们在职校学习期间，掌握好一定的人类精华知识，掌握好实际的操作能力，尤其是领会我们前辈的科学的思维方式，努力创新，为祖国的未来作出自己的贡献。

可能写于2005年

获全国首届职教优秀说课稿二等奖

注：今天无意中还看到豆丁网等几个网站转载此文。

2020年10月9日

哲学、经济学对话

——兼论科学理论中的"研究过程"

某网友在阅读了笔者所写之文《浅谈哲学中的因果链条》之后，与笔者展开了如下对话：

网友：

博主的"终极原因"改为"共识原因"可能会更贴切些。

马克思的《资本论》之所以从商品开始，是因为有史以来，人们对社会化生产的经济认识，都认为商品是客观事实。逻辑分析从真推理的结论才为真，从大家都认可的真推理的结论才为大家都认可的真。

这样：

就变成

牛湘坤（2009-10-15 15:38:17）：

先生对哲学高深的修养及对《资本论》精深的研究令我十分敬佩。你提出的"共识原因"很有道理，我从来没有想到过。衷心感谢先生的指教！但我对两个名词的选择还是很犹豫。这主要是对"马克思写《资本论》为什么要从商品开始？"这个问题，我与学术界的看法不同。这个"不同"表露在我个人最满意的代表作《略谈作文腹稿的三种形式》（《中学语文教学》1997年第9期，本博客中有此文）一文中的第四部分结尾处。先生若能将该文第三、第四部分结合在一起看，也许先生能帮我确定选择哪个名词为好。我渴望得到先生的教诲。再次表示感谢！

网友（2009-10-15 22:11:06）：

在马克思的《资本论》诞生以前的70年间，英国出了两个有名的经济学家（亚当·斯密、大卫·李嘉图）。斯密论述了资本主义的优越性，把国家经济提升为国家的本质和目的，在论述商品价值时，看到了商品具有使用价值和交换价值。李嘉图明确指出了使用价值是交换价值的前提，价值是由生产商品所耗费的劳动决定的，而交换价值则是两种商品的交换关系，即一种商品交换另一种商品的数量关系。但李嘉图仍然没有考察价值与交换价值之间的内在联系。马克思进一步阐述了交换价值是价值的表现形态。

《资本论》是用辩证逻辑来分析事物的，基于人们对商品使用价值和价值的认识有了一定的认识基础。从便于理解的角度，以此为辩证逻辑的切入口，从商品的二重性（使用价值和价值）开讲，深入到劳动的二重性（具体劳动和抽象劳动），逐渐揭示资本主义经济的本质。

牛湘坤（2009-10-16 10:39:28）：

先生对经济学了解广泛，我很欣赏。

经济学、哲学、思维学、写作学（后三者本身也相通）都是世界上最复杂的科学。讨论其中一个已令人伤脑筋，如全部一起讨论简直无法进行。我尝试以最简单的词语作说明。

关于"马克思为何从商品开始来写《资本论》？"

学术界的观点你基本上说了，我不重复。我想说的是，人们读了《资本论》，以为马克思的思维真的是从商品开始的，而我的观点是：马克思本来对商品根本不感兴趣，他感兴趣的是现实问题。如"为什么资本主义国家会产生经济危机？""为什么一方面社会富了，另一方面人们又买不起商品？""为什么一方面人们没有牛奶吃，另一方面牛奶又多得吃不完甚至倒掉？""为什么最讲信誉的企业家最后又不顾信誉？"等等堆积如山的矛盾问题。

马克思的思维是从"问题"开始，而不是从商品开始。为了弄清这些问题，马克思不停地思索、找原因，一层一层地往深处找，最后找到了商品或价值这个最深处的原因或"终极原因"。

如果真的以为马克思是从亚当·斯密、大卫·李嘉图的价值理论开始，那是误解。马克思不会从任何人的理论开始思考问题，只有"现实问题"才是马克思感兴趣的思考起点。马克思不过是在思考中所得出的一些结论与亚当·斯密、大卫·李嘉图的某些观点相重叠罢了。而马克思得出的更多的科学结论是亚当·斯密、大卫·李嘉图望尘莫及的。

有的人认为马克思不过是抄袭了亚当·斯密、大卫·李嘉图的观点，你认为马克思这种独立思考气质的人会简单地抄袭别人的观点吗？

由于马克思分析的问题是世界上最复杂的问题之一，直接把他复杂的思维过程写下来没人能看懂，所以写《资本论》时，马克思采取了倒叙的方法，即从"商品"（终极原因）开始叙述，而不是从"问题"开始。这种方法也就是黑格尔总结的"逻辑与历史相统一"。形式逻辑与这一方法相类似，只是现有的形式逻辑书本还没有达到完全概括这一方法的程度罢了。当然，形式逻辑大致涉及了马克思的"叙述方法"，但根本没有涉及马克思的"研究方法"，"研究方法"最主要的就是分析现实问题的"矛盾分析法"，这也可以说是哲学方法的精髓。但是这种矛盾分析或哲学分析通常在文字中看不到，而只存在于人的思维中。如果把这一方法也叫做"逻辑"的话，它就属于辩证逻辑的范围了。

好了，就暂时说到这里，再说又要涉及其他复杂问题了。

你认为"终极原因"与"共识原因"两词中，哪个更好呢？

不知我的回答是否清楚？还请指教。

网友（2009-10-16 15:29:57）：

确实，"现实问题"才是马克思感兴趣的思考起点，对现实问题的分析和综合找到的"终极原因"不是商品，而是劳动（再往下追究原因就属于人类学的范畴了），由于马克思是运用辩证逻辑思维的方法进行分析和综合的，如果从人们都陌生的劳动二重性开讲，会有强词夺理的味道，所以从人们并不陌生的商品二重性开讲（斯密和李嘉图的研究已经触及了这个问题，虽然他们并不清楚商品二重性是一个对立统一的矛盾），更容易被人们接受。在下觉得还是"共识原因"更贴切些。

"研究方法"和"叙述方法"可以用形式逻辑，也可以用辩证逻辑（笔者注：如果形式逻辑与辩证逻辑可以相互代替，辩证逻辑就没有存在的必要了）。选用什么逻辑，取决于文章更便于人们理解。形式逻辑的研究和叙述比较容易让人理解，辩证逻辑会难一些，通常很多情况下，由于人们看不到事物的对立面，人们还无法运用辩证逻辑来研究和叙述。

关于形式逻辑和辩证逻辑的区别，请查阅本博（网友自称本博）相关博文。

（笔者注：从网友的谈话中可以看出，他实际上已承认了"终极原因"这个词。只不过他认为马克思所寻找的终极原因是劳动而不是商品。其实，他的这一看法已经变得与我相同了。因为在这里，商品、价值、劳动，实际上是同义词，只是他口头上仍不让步而已。但由于网友的对话中又出现了在我看来不正确的其他观点——将形式逻辑与辩证逻辑相等同，我感到争论已经无法或无必要进行下去了。我打算将话题转到"研究过程"上，从这一角度来看"终极原因"。）

牛湘坤（2009-10-16 17:58:05）：

看到先生的回言，我非常高兴还有很多人去研究枯燥乏味的经济理论与哲学。也许是经济问题太复杂之故，我发现我们在理论理解上存在很多的分歧，目前争论，也难有满意的说服。那就让我们暂时各自保留自己的观点。

我补充两点：一是我还会推荐你仔细看我的两篇文章。二是我也会去仔细阅读和思考你关于形式逻辑和辩证逻辑的文章（因我一直还没机会去读先生的作品）。我们相互学习、相互研究之后再讨论。也许那时我们的思想都有提高，意见可能统一也可能不统一。不管如何都是好事。我们的思想会变得越来越丰富。我甚至会将我们争论中我的某些思想整理成文章。

至于我说的"终极原因"虽然是读马克思《资本论》的心得体会，但更是对我个人"研究活动"的总结。我经过七年的研究，发现了"文字与思维不同步"现象。虽然是一个小发现，不足称道，但在公布这一"发现"的十三四年来，我还没有遇到有谁对此提出异议。当然，也许有的大学者觉得微不足道而没有必要批判它。但是，如果不批判它，那就意味着现行的作文理论存在着严重的弊端，至少不科学。而且，这也意味着教育中的作文教学方法也存在着严重问题，而必须改革，等等。因为这是我写该两文的主旨之一。

在"科学研究过程"中，我个人产生了很多的体会，而"终极原因"是我个人研究过程的体会之一。

所以先生如果还想就我的体会谈看法，那么应该先去看我写的"文字与思维不同步"之说，它的主要内容在《略谈中小学作文写作的几个问题》与《略谈作文腹稿的三种形式》的姊妹篇中。这两篇文章是我八年的心血，"终极原因"实际上是对该两文的总结之一。

实际上我的其他文章有很多也是对我个人"研究过程"的总结。如《从哲学中寻求智慧》（《深圳教育科研》2005年第5期）、《简论人文社科的怀疑方法》（《罗湖教育》2006年第1期）等等，这些文章的思想都是相互贯通、相互支持、相互论证的。我在研究中基本上形成了我个人的系统思想。当然，文章庞杂，你愿意读我欢迎，但前两篇我还是建议你读一读。

另外我对你的另一部分见解也写了点看法。待会儿也寄给你。我腾出时间的时候也会仔细拜读先生的大作的。

祝好！

（网友在我的推荐下，阅读了我写的《略谈作文腹稿的三种形式》，但也许是这位网友阅读较快，没太明白我的用意。）

网友（2009-10-15 19:55:47）：

在下觉得"作文腹稿的三种形式"的分类方法可能改为如下为好：

上面三种形式，其实都是第三种形式，即"研究过程"和"叙述过程"。对学生而言，"研究过程"就是确立作文切题的中心思想以及自己所掌握的素材之间的相互关系。"叙述过程"就是用便于读者理解（逻辑方面）和感应（文采方面）的表述方式组织文字。

上面第一种形式是掌握的素材比较间接，所以打腹稿的时间较短，整理素材的时间较长。

上面第二种形式是掌握的素材比较直接，所以打腹稿的时间和写作的时间相当。

一般写作教学比较注重"叙述过程"，忽视"研究过程"，所以学生不知道如何切题、如何把自己掌握的素材跟标题建立联系，自然也就不知应该说些什么，只好"华而不实""无病呻吟"凑够作文字数。如果在这两方面都予以注意，教学效果会好些。

仅供参考。

牛湘坤（2009-10-16 18:52:35）：

当然，我写的"文字与思维不同步之说"包含多方面的意思。直接请你谈见解，那也是委屈了你。不过，我想说的是，我写此文的目的之一是想说：世界上还有一种包含"研究过程"的文章。如果先生结合"研究过程"看，就知道我写"因果链条"的意义了。但可能这个问题太复杂，好像使先生对我说的"研究过程"有点误解。

我说的"研究过程"主要用于自然科学和社会科学的"理论原始创新"，单纯的技术创新不在此列。在绝大多数文章中是没有必要用这种方法的。如我写给你的短文中就没有必要使用"研究过程"。"研究过程"主要是用来探索未知世界的。目前中学生写的文章与我说的"研究过程"毫不相干，文学类记叙文与此就更不搭界了。

"研究过程"所产生的结果通常是一种"新发现"。

当然，我写此文一方面是回答先生，另一方面也是为我以后写一篇有关"研究过程"的文章作铺垫。

谢谢先生的指教！我也会对先生有关逻辑的大作仔细拜读的。实际上读这类文章是我最大的乐趣之一。

我给你先寄去的短文实际上写于此文之后。

顺祝安康！

2009年10月18日

（最后补充一点：采用"终极原因"一词好还是采用"共识原因"一词好，我个人认为，在此处应该尊重原作者之意为佳。）

女娲轩辕：

非常专业，受益了！

牛湘坤回复女娲轩辕（2009-10-19 20:29）：

感谢先生来看这种枯燥乏味的学术争论！

哲学家具有一种使命感

昨天在一位网友博客中读了一篇题为《哲学家都戴着"假面具"？》的文章，于是笔者在该文后面的评论栏中写了一段话。现记录下来供人们参读：

无论是学者哲学家、官员哲学家还是民间哲学家，都不能被神化。哲学家作为一个人与其他人没有不同，他们与常人一样也要吃喝拉撒。所不同的是，哲学家的内心深处有一种使命感。当一个社会腐朽，衰落，无可救药之时，他会为改变社会而出微薄之力，甚至不惜为推翻腐朽政权而献身。但是，当一个社会蓬勃发展，蒸蒸日上，到达自己历史最繁荣的时代时，尽管存在着各种各样的社会问题，他的内心深处也会产生一种尽力维护该社会的冲动，因为他内心里不愿让这种和平的、繁荣的社会环境轻易地丧失。破坏社会很容易，建设社会则艰难。这就是哲学家与常人不同的地方，因为他们有一种使命感。

不要以为哲学家真的不食人间烟火。他们也要旅游，也要玩耍，也要上网络，也要唱卡拉OK，也要恋爱结婚生子。只是他们给自己设置的前提条件是不损害他人，不损害社会。至于历史上的这个"家"，那个"家"，并不都是哲学家（因为网友文中描绘了很多戴"假面具"的哲学家）。

由于人的生理极限，任何一个哲学家在体力上的力量不会超过常人，因此，为了完成他们内心深处的使命，他们利用了自己聪慧的头脑。他们以敏锐的眼光、犀利的文笔帮助人们辨别正误，辨别是非，确立前行的导向。毛泽东用他那聪慧的头脑召集了天下无数的仁人志士，完成了推翻腐朽政权、建立新中国的使命。马克思用他那聪慧的头脑唤醒了整个世界！

　　哲学家是常人，是普通人。与常人、普通人不同的地方是他内心深处的使命感。其实，如果每个人尽心学习和修养都可以成为哲学家的，至少可以成为哲学素养很高的人。这恐怕也是未来社会的发展趋势。

2009年10月20日星期二

辩证思维浅议

翻开中学物理、化学、数学等教科书，我们可以发现一种现象，即自然科学理论的创造者们都是西方人，东方人则没有。为何？因为东方人的主流思维是包括文学思维在内的知性思维，而科学理论的创造必须是辩证思维。中国的文学思维应该说是世界一流的。中国的文学作品不说优于西方，但至少不弱于西方。虽然中国历史上也存在局部的辩证思维，如两千年前屈原写的《天问》就表现出了辩证思维或哲学思维的雏形，但学界思维在主流或整体上却没有演化为辩证思维。这是中国近代几百年来一直没有西方式科学理论产生的思维上的原因。当然，这种思维状况的延续又源于中国特殊的历史进程。

然而，约百年前，西方科学理论大量传入中国，包括马克思的社会历史理论及其辩证思维的传入，极大地冲击着中国传统的主流思维方式。

辩证思维究竟是一种什么样的思维？这对今天的中国甚至世界来说还是一个谜。半个多世纪以来，中国人特别是中国共产党中的一些先进分子不停地研究西方有代表性的辩证思维，尤其是研究马克思博大精深的辩证思维。虽然研究取得了很大的进展，并在很多应用上极其独到。例如毛泽东将辩证思维用于军事分析、邓小平将辩证思维用于建设分析等。然而到今天，学术界仍然不得不承认，马克思博大精深的辩证思维之谜仍然没有完全解开，更谈不上普及了。在此文中，我也像其他研究者一样，仅就个人对辩证思维的理解谈一点看法。

我认为，**辩证思维通俗地说就是一种科学解谜思维，**用哲学语言说**是揭示世界本质与规律的思维。**所谓解谜就是解开世界未知之谜，使世界的真相展示出来，从而使人们按照世界的真相来改造世界。这里要特别说明的是：

这些"未知之谜"必须是现实生活中的真实之谜，而不是宗教般的虚构之谜。当然，知性思维在某种程度上其实也担负着上述任务。但由于知性思维看问题的眼光相对狭小，不能以一种开阔的、宏大的、广泛联系的眼光看问题，因而在很多问题上，容易趋于表面化，尤其在一些复杂的问题上，无法揭示出世界的真相。或者说，它所揭示的很多"真相"其实是假象，而人们按照这种"假象"无法有效地改造世界。因此，人类要进步，中国要进步，就必须在掌握知性思维的同时掌握辩证思维方式。

辩证思维是一种百分之百的现实思维，它的全部注意力都集中在现实生活中。

辩证思维的总的思维过程是：发现及提出现实矛盾（或提出现实问题）—研究及分析现实矛盾（或分析现实问题）—叙述及解决现实矛盾（解决逻辑或理论上的矛盾及提出建设性的实践方案）。

辩证思维由研究思维与叙述思维两部分构成。叙述思维是一种研究后的结果展示，或现实矛盾演变过程的展示。它一般表现为逻辑演绎，即概念、范畴、判断、推理的进程。它通常有一个叙述的逻辑起点。它在文字上的表现通常是一种原理的理论形态。《资本论》是典型的范例。形式逻辑所讨论的问题基本上就属于这个范围。

而研究思维则非常复杂，它通常不在作品中表现出来。它往往是一种具体矛盾具体分析的思维过程。可以说，不同的问题、不同的研究者，在辩证分析过程中，思维内容与形式都是不同的。但尽管如此，研究思维还是有很多共同的特征。正是这些共同特征使辩证研究思维者相互之间可以相互理解，可以寻求知音。下面我归纳了三个特征。

1. 好奇、怀疑或忧虑是研究思维的起始条件

现实世界通常表现为很多的矛盾组合。而研究思维的研究起点就是现实生活中的矛盾现象。研究者发现了社会现象中某一奇特的矛盾，并用自己的语言将矛盾明晰化。研究者好奇、怀疑或忧虑，但自己又无法解答，于是就开始了对这一矛盾的研究。我们认为，邓小平社会主义初级阶段理论的研究

就是从对现实的沉重忧虑开始的。所以说，研究通常从好奇、怀疑或忧虑等开始。缺乏怀疑、忧虑、批判品质，只会人云亦云、不假思索地跟着叫好，就不可能产生辩证思维。目前我国教育学术界主张培养学生的好奇心、怀疑精神、批判精神。我们认为，这是培养学生辩证思维的重要的一步。

2. 高尚的人文修养是研究思维的持续动力

研究开始以后，思维过程能否持续进行，就与研究者个人的人文修养密切相关了。一旦研究者在研究中发现，这一矛盾研究对人类有益处，他就会持续地研究下去。一旦研究者发现，这一矛盾实际上是一个假矛盾，是一个在现实生活中并不存在的矛盾，对人类对社会没有什么意义，研究者就会停止研究。所以说，高尚的人文修养是研究思维的持续动力。邓小平正是感到，研究中国的现实问题与中国百姓密切相关，有可能使中国人整体富起来，从而创造了社会主义初级阶段理论。

对现实矛盾作辩证的研究是一件非常苦的工作，尤其是一些复杂艰难的科学研究更是如此。但这种工作对整个人类有益，对社会有益，也对研究者个人的精神升华、价值实现有益。解开世界一个未知之谜的欣喜、快乐往往是一般人难以体会到的。当然，在某种恶劣的社会环境下，这种研究也带有极大的风险，甚至研究成果的公布还可能引来杀身之祸，如布鲁诺的悲惨遭遇等。因此，从这一角度说，辩证思维是一种革命的、无私的、大无畏的思维方式（哲学思维、理性思维等是辩证思维的同义词）。

3. 唯物辩证法的基本原理是辩证研究思维的进程导向

在研究过程中，研究者会根据现象"事实"进行"寻根究底"似的思考，从而得出很多结论。这些结论有正确的，也有错误的，一些结论甚至完全相反，相互对立。如何筛选正确与错误的结论？那就是：研究者必须将自己每一个思维分析所得出的结论与唯物辩证法的基本原理相对照。当然，还必须与其他科学知识相对照。按列宁的话说，应该与"所有人类知识"相对照。但哲学原理是研究过程中最重要的知识。与唯物辩证法原理相吻合或不违反唯物辩证法原理的结论保留，不相吻合的结论则暂时搁在一边。如果思维结论与唯物辩证法的理论原则出现相矛盾的状况，这通常表明，研究过程中的思维走向了偏向，研究者必须调整思维方向或重新思考。例如，如果研究者在研究过程中得出"世界上真有超人力量存在"或"世界上确实有神童存在"的时候，唯物辩证法的原理就会在研究者的心中指明：这些结论是错误的，必须重新研究，或必须进一步研究。

本来说，研究过程中得出的结论应该与生活中的事实相吻合。实际上，研究者的结论即使符合或不违背唯物辩证法的基本原理，也只能说明这一结论"可能是"科学的。究竟是不是科学的，研究者还必须以实验或生活实践的其他方式来检验。但在研究结果出来之前，"事实"的表现通常是很复杂的、"混沌的"、难以看清的。真事实与假事实、完整事实与片面事实通常也搅混在一起。要做到符合事实实际上也是不容易的。而唯物辩证法的基本原理就提供了研究过程中辨别真假事实与正误结论的重要判断标准。符合或不违反唯物辩证法原理的结论可能是科学的，也可能是不科学的。但不符合唯物辩证法原理的结论一定不科学。科学理论界之所以能够相互交流，各门具体科学之间之所以能够相互理解，原因就在于大家都有唯物辩证法的基本原理作为衡量标准。西方自然科学界衡量科学是非的标准其实也是唯物辩证法，只是在社会科学领域，衡量标准则比较矛盾。

当然，**唯物辩证法的基本原理也具有使研究得以持续进行的作用**。例如，"事物运动是可知的、是有原因的、是有规律的，其产生隐含着必然性"等很多基本原理会坚定研究者的研究信念，成为研究者的毅力之源。一个不相信、不理解唯物辩证法的人不可能具有科学研究的持续毅力。对于现代自然科学家来说也同样如此，因为在现代社会，凡是简单一点的自然科学知识基本上都被人们发现了。凭借朴素唯物辩证法和机械唯物辩证法能够发现的知识差不多没有了。自然科学的进一步突破必须到复杂领域去探索，而在复杂的自然科学领域内，没有现代唯物辩证法作指南，几乎寸步难行。

另外，**发现矛盾或提出问题**，除了好奇、忧虑、怀疑以外，其实**也必须以头脑中的唯物辩证法原则作后盾**。虽然提出问题常常与一种特殊的境遇有关，但哲学修养高者或具有辩证直觉者遇到某种特殊境况能够提出问题，而哲学修养低者或缺乏辩证直觉者即使遇到了某种特殊境况也很难提出有价值的问题。因此，我们以为，一个人无论是否能遇到某种特殊境况，都必须把唯物辩证法原理埋于头脑深处，以此作为自己判断科学是非的背景标准。

在马克思之前，虽然人类缺乏完整的唯物辩证法原则，但唯物辩证法的各种原则还是分散地、非理论化地存在于人间。例如中国古代就存在很多的原始、朴素的辩证法原则。马克思的贡献之一就在于把唯物辩证法的各种原则系统化、科学化、理论化了。从而为人类提供了一个**最完整、最科学地判断理论是非的标准**。虽然唯物辩证法的内容和形式有着无限多样的变化与发展空间，但想推翻唯物辩证法的基本原理，在整个人类历史中都是不可能的了。因为唯物辩证法的基本原理和规律横跨任何科学领域，纵跨整个人类历史或世界历史。

需要说明的是，唯物辩证法与辩证思维或辩证思维逻辑是不同的。它们两者既有联系又有区别。前者是思维原则或思维导向，后者是思维逻辑或思维本身。列宁曾说，马克思实际上可以写出一本精彩的逻辑书来。这里的逻辑实际上是指辩证逻辑或辩证思维。然而非常遗憾，马克思这位科学巨匠的过早逝世，使科学留下了很多的空白。马克思本人从事科学的研究思维真相也无法再向世间披露。尽管150年过去了，研究者们仍然时常感到这片科学空白的存在。

总的说来，我认为，**研究思维是在唯物辩证法基本原理导向下的探索世界之谜的思维**。一旦谜底被探清楚了，真相暴露出来了，辩证思维一般就采用概念、范畴、判断、推理的逻辑演绎的叙述方式将世界真相揭示出来。之所以采用概念等逻辑演绎方式来叙述，是因为世界及其历史实在是太复杂，而逻辑演绎方式可以简化这种复杂性，避开很多迷眼现象的冗繁描述，使读者轻易地了解世界的真相，从而使读者自觉地按照世界真相来办事。

顺便说一下，辩证思维在叙述过程中一般会创造一些甚至很多新概念，但这是一种"被迫的创造"。因为辩证思维往往在叙述之前就已经作出了

"新发现"，而现有词汇无法表达这种"新发现"，从而不得不创造"新词"。但是，在一般的写作中就没有必要创造新概念。能够不创造新概念就能说清楚，那么就不要创造新概念。能够用语言说清楚，就不要用"数学公式"。如果所讨论的观点仅仅是常识，创造大量新概念甚至用很多复杂的数学公式，就纯粹属于小题大做，冗长多余，说得更严重一点就是故弄玄虚。

辩证思维并没有否定知性思维，而是包括了知性思维，或扬弃了知性思维更高级的探索客观世界的思维方式。因此，在文字叙述的过程中，它的形式有很多地方与知性思维相同，很多辩证思维在某种特殊条件下的叙述方式从表面看几乎与知性思维完全相同。如果没有深入考察，很容易将两种思维方式混为一谈（如人们很容易将毛泽东一些主要文章的思维方式与一般文章的思维方式相混淆）。例如，两者都强调举例论证，两者都强调用事实说话，但知性思维的例证与事实通常是一种单个的、孤立的例证与事实，或一大串孤立事实的罗列。而辩证思维所承认的事实是在广泛联系中所考察的事实，而不是单个孤立的事实。辩证思维所列举的每一个例证、每一个事实都在广泛联系下经过了严格的解剖、分析或审查，因而是一种真正反映了世界的客观事实。

上面我们大致讨论了辩证思维的主要形式。但我认为，辩证思维实际上还有很多（实际上是无限）奇妙灵活的派生形式。它们是建立在主要形式基础上的灵活发挥。

总的来说，**辩证思维是一种高级的但也是特别复杂的思维**，就我们个人的理解及能力来说，也无法说清楚。我们只是在认真阅读马克思、毛泽东、邓小平的某些主要著作时，所进行的一点"科学猜想"式的研究。目的也仅在于供人们参考。

辩证思维的科学性、严肃性、灵活性、创造性、威力性无与伦比。在我国大力提倡"创新""与时俱进"的今天，对这种思维的研究恐怕要加大力度。

可能写于2003年

后附两段与网友的对话

悠然心会

辩证是一个虚幻的梦，它只在逻辑里打转转。

牛湘坤回复悠然心会（2009-10-30 11:49）：

先生的散文写得很漂亮，但教科书上的自然科学理论基本上是西方人创造的，为何？因为他们有辩证逻辑，而我们不感兴趣。先生如果有志于创造自然科学理论，你就会对辩证逻辑感兴趣了。

女娲轩辕（2009-10-26）：

毛泽东思想被教条化、空洞化，使"辩证思维"大大受挫！

牛湘坤回复女娲轩辕：

先生说得非常正确，这正是我们弄不懂辩证思维也不愿弄懂的重要原因之一。

注：此文既是学习《资本论》等文的体会，也是对"文字与思维不同步之说"的哲学总结，因而仍可说是前面文章的续篇。

2020年10月7日

另附注：我们认为，西方形式逻辑主要是根据已经用文字表述出来的科学理论总结出来的，但实际上科学理论表述前还存在一个"研究过程"，由于这种"研究过程"的思维在几乎所有的书中都没有文字记录，因而形式逻辑对此就缺乏总结，而这没有总结的部分大概就是辩证逻辑了。当然，有的人似乎想把它们称为"非逻辑"，尽管我们认为这并不恰当。

例如下面形式：A的观点或命题与B的观点或命题相互对立、相互排斥、相互矛盾，而结论C可能既不与A相融，也不与B相融，而是一个新观点、新命题等等。

2021年4月27日

学习哲学很大程度上要靠信念

　　昨天晚上我在博客上阅读了一位学者所写的一篇题为《唯物史观与共产主义："最后之后"的哲学流产？》一文后，在该文的评论栏中写了一段短文。现将全文录于此，供人们参读。

　　读了先生的文章之后，首先为先生对这么复杂的哲学问题及经济学问题进行深入思考的精神而感动，因为这种人在现实生活中好像很少。然而，对于先生的观点笔者却不敢苟同。

　　对先生众多的观点提出我个人的看法是一个庞大而复杂的工作，我显然没有那种精力和时间去做这种工作。因此，我只想表达简单的观点：当一个人因对科学不理解而缺乏信念的时候，很容易进入一种"钻牛角尖"的状况。举例来说，当一个人坚信世界上"有鬼神存在"的时候（这种人在现实生活中很多），无论你举多少"事实"，也改变不了他的观点。当一个基督徒坚信上帝存在的时候，你无论列举多少"事实"来证明上帝不存在，他还是认为上帝存在。尽管你明知他们的观点是错误的，可你始终没有能力改变他们的错误思想或观念。这种现象不仅在今天存在，而且在马克思活着的时候就存在。好像是马克思还是恩格斯说过这样类似的话：当一个人总是以挑刺的眼光来看待科学理论，那么无论什么科学的理论都可以挑出一大堆"毛病"（我记不住原文）。所以马克思感叹人们的理解力实在太低。

　　如果要使一个坚信鬼神存在的人不再相信鬼神存在，唯一的办法是这个人本身应提高自己的科学素养。如果他不好学习，那么"鬼神存在"的观念永远无法改变。如果一个学者对复杂但科学的理论不相信，最好的办法是他亲自去从事科学研究实践（科学研究不等于写文章，不是写出了论文就与科学家没区别了）。

尤其是关于哲学的问题，信念更为重要。哲学在我看来，主要是对科学理论（包括自然科学与社会科学）中的"科学研究过程"所作的总结。而我们国家几千年来没有产生过西方式的自然科学理论，现在的数理化教科书的自然科学理论基本上是西方人创造的。因此，我国传统文化中确实不知道还有一个"研究过程"的存在，因而也就没有专门总结"研究过程"的知识——系统哲学。因此中国学者中很多人确实不知道哲学的来源及其作用，不知道为什么西方人那么热心于创造系统哲学，而中国人却不创造。

虽然我从个人体会中说了哲学的大致来源，但真正学习哲学，很大程度上必须靠"信念"。例如：马克思主义哲学认为世界上没有鬼神，但宗教上甚至现实生活中很多人却认为有鬼神，那么你相信哪一个观点？马克思哲学认为任何现象的产生都有其原因，但很多人认为很多现象的产生是没有原因的。那么你相信哪一个观点？这在很大程度上要靠信念，而不完全靠事实。虽然唯物主义的每一个观点或原理都有事实来源，但并不是有事实就能说服人的。学习者自身的科学素养与科学研究实践也同样起着非常重要的作用，在某种程度上甚至起着决定性的作用。

非常遗憾，我们的教育（包括自然科学教育）很重视科学知识，但不重视科学素养，更不重视科学研究了。所以我们的学校培养出了很多在学校学习哲学，毕业之后却变成了极力攻击哲学的"人才"。

好了，经济问题与哲学问题太复杂，不多说了。我的看法仅供先生参考。

2009年10月30日

注：上面的短文我都几乎忘了。今天重阅，觉得有道理，仍然是我现在的思想，是我论文写作中所产生的体会。期望对读者有点启示！

2020年10月8日星期四

破解"鬼音"之谜

——兼谈"科学研究过程"与"科学叙述过程"

此文是利用我以前"寻找鬼音"的一件小事来说明"科学研究过程"与"科学叙述过程"究竟是怎么回事，当时是注册博客不久而向一些网友所作的回答解说。

一、探秘

接连几晚，我都听到一种"当当"的奇怪声音。问附近老师及居民，他们也同样听到了这种声音。一些居民颇为害怕地说，是鬼发出的声音，晚上没有事最好不要出去。

究竟是什么物体发出的声音？我不相信"鬼音"之说，决心弄清"鬼音"之谜。夜深人静，我独自一人循着声音寻找。非常奇怪，当我到了操场前面，声音却到了我的后面，当我回转之时，声音又到了我的前面。声音居然能走动！我非常好奇，一定要找到声音之源。

我走一步，听一步，步步向声音逼近，在操场上转了三四圈以后，我终于找到了声音之源。原来是学校旗杆发出的声音。风吹旗杆上的绳索，使之碰到空心的铁旗杆，于是发出了"当当"的所谓的"鬼音"。白天由于学校杂音大，人们听不到这种"鬼音"，但当夜深人静时，"鬼音"就开始出来作怪了。"鬼音"在我寻找中"行走"，其实不是"鬼音"真的能行走，而是我在寻找中走动之故。

看来居民们对"鬼音"的害怕纯属多余。

故事发生于1982年，短文写于2000年。

二、叙述

给校长的一封信：

破除迷信，倡导科学

学校旗杆绳索遇风摆动，击打空心旗杆，发出"当当"的声音。夜深人静之时，声音清晰可辨。周围一些居民误以为是鬼声，引起某些不必要的恐慌。有鉴于此，特向学校提出两点建议：

（1）向居民宣传无神论思想，告知旗杆发声之谜。

（2）若居民科学素养较低，半信半疑，则建议将旗杆上的升旗绳索取下，旗杆暂时不用。

写于2000年

三、说明

以上两篇文章是我用来向学生解说"科学研究"与"科学叙述"的联系与区别时经常采用的例文，我五六年前就将其做成了课件。

由于真正的原创性科学论文太复杂，学生很难理解。以上面文章为例，便于说明。

第一篇短文类似于科学家的"研究过程"或"探索过程"，即由"不知"到"知"的过程，由"疑问、好奇"开始到获得结果的过程。第二篇同样内容的短文类似于科学家的"叙述过程"，科学家在叙述过程中是不能像小说家那样讲故事的，否则，文字的庞大堆积会使"科学叙述"冗长累赘。因为科学问题往往都是较复杂的问题，"讲故事"的方法是无法叙述清楚的。笔者个人所发现的"文字与思维不同步"现象，是根本无法用"故事"来说的，否则读者无法阅读。

第二篇短文仅用了58个字就将故事全部概括了（黑体字部分），这就缩短了或精简了文字叙述的过程。科学家们就是用这样的方法来叙述他们的研究成果的。

两篇文章在写作形式上的区别：第一篇文章是"从结果到原因"，第二篇文章是"从原因到结果"，它们的写作思维过程刚好相反。这种"结果—原因—结果""现象—本质—现象"的写作方法大概就是哲学思维方法的雏形。

我们看到的科学家们所写的"科学理论"或"科学知识"其实只是第二篇文章的翻版，而第一篇文章的"探究过程"在"科学知识"中是看不到的，只有科学家本人知道。而真正的科学必须包括"探究过程"，否则就不知道"科学知识"的来源，从而对科学知识的理解也非常有限，甚至误以为科学家们真的是"神人、圣人"。所以一个人要想得到好的见解、观点、理念、建议、措施、做法等，就必须懂得"科学研究过程"。而这恰巧是我们的教育（无论是自然科学还是社会科学）所忽视的。

在向学生的解说过程中，我常使用"捉鬼思维"来比喻"科学研究思维"。因为科学研究思维从本质上说就是"捉鬼"。牛顿抓住了"使苹果掉到地上"的鬼，马克思抓住了"使经济危机得以产生"的鬼。

期望读者能从两篇短文中大致知道"科学研究"与"科学叙述"的相互联系及区别。

还请读者多多指教！

写于2009年11月22日

蔡振康（2009-11-23）：

长见识，增知识，谢谢！

杂学专家（2009-11-23）：

好！世界上就怕"认真"二字，你就认真。

哲学不是对科学知识的概括和总结

——从《破解"鬼音"之谜》中看哲学原理及方法的来源

一、人们对哲学的误解

此文主要是针对笔者前不久所写的《破解"鬼音"之谜》一文来简单归纳哲学原理及哲学分析方法的来源，有兴趣读此文者最好先参看前面一文。

根据传统的说法，"哲学是对具体科学的概括和总结"。这种说法虽然没有错，但很容易使人产生误解。对于中国人来说，这种误解尤为突出。我们前文曾说：科学包括"科学研究"与"科学知识"两个部分。而我们中国大多数人不知道"科学研究过程"，而将"科学"与书本上的"科学知识"看作是相等物，因而以为哲学就是对书本知识的总结，从而出现各种各样的关于哲学的奇谈怪论。虽然谁也不敢怀疑传统的说法，但很多人实在不知道"知识"与"哲学"有何关系。所以很多专门学习数理化等自然科学的老师实际上对哲学根本不感兴趣，因为他们根本不认同"哲学是对具体科学的概括与总结""哲学与自然科学关系密切"等说法。

其实，哲学原理本来就不是对"具体科学知识的概括与总结"，而是对科学中的"科学研究过程的概括与总结"。哲学方法则是对具体科学的"研究过程"及"叙述过程（科学知识）"两方面的同时概括或总结。

下面结合《破解"鬼音"之谜》的前两篇文章做简单的归纳。

二、部分哲学原理的归纳

1. 世界上没有鬼神的原理

上文"捉鬼"的过程实际上又一次证明：世界上没有鬼神。所以我们也可得出这样的结论：任何一个科学家必然是"无神论者"，否则他就无法探索"世界之谜"。

2. 任何现象的产生都有原因的原理

上文中描述的"鬼音"的产生也是有原因的，坚信这条原理者就敢于去寻找"鬼音"之源。如果不相信这个哲学原理，而认为"世界上很多现象的产生是没有原因的"，就不一定去探索"鬼音之谜"，从而错过一次"发现"（当然是小发现）的良好机遇。

3. 对立统一的矛盾原理

真正的哲学所探索的是生活中的"悖论（矛盾）"，而不是"语言"中的"悖论"。"语言悖论"在真正的哲学看来只是一种"文字游戏"，哲学对此是不感兴趣的。西方某些哲学派别对"语言悖论"特别感兴趣，我们认为这只是"经院哲学"的游戏。

在《破解"鬼音"之谜》一文中，就出现了"理论与生活的悖论（矛盾）"。一方面生活中确实出现了"鬼音"，而且是人们（包括笔者）亲耳听到的，这不能不相信。可另一方面，哲学原理又告诉我们：世界上没有鬼神。这就是一对矛盾，既同时存在，又相互对立、相互否定。如何将它们"统一"起来？最好的办法就是实践（哲学的另一个原理）。如果真的找到了"鬼"，那就证明哲学原理是错的，而必须更改。实践是最权威的法官，是"检验真理的唯一标准"，而不管任何权威的理论，包括马克思的理论。

然而非常遗憾，实践又一次证明马克思是对的。我很想推翻马克思的原理，可实践就是不帮我。"鬼音"通过"旗杆发声"的"新发现"与理论得到了和谐的统一。这就是对立统一的"矛盾分析法"在探索中的应用。

4. 实践出真知的原理等

在上面的论述中，我们已经看到了"实践出真知"的原理。其实大多数哲学原理如"偶然之中含有必然"的原理、关于认识的原理等都可以从这个小小的探索中得到验证。所以说，马克思通过对世界上一切科学研究过程进行总结之后，得出了"世界上最完备、最根本的哲学原理"。到今天为止，世界上还没有任何人能证明其中的某个原理是错的。事实上，我们认为，永远都没有人能证明，因为这是科学，就像"几何学"两千年来也无法被推翻一样（非欧几何并未推翻欧氏几何）。

从上面我们可以看到，哲学原理实际上是对"研究过程"总结后而得出的结论。

三、哲学方法的简单归纳

当然，利用哲学原理完成"科学研究过程"本身就是方法。这种研究过程中所产生的思维就叫做哲学思维。但是在这里，我们所总结的哲学方法是指一种总的方法。最有名的当然是马克思说的"具体—抽象—具体"的分析方法。其实，这里的"具体—抽象"就是指"研究过程"，而"抽象—具体"就是指"叙述过程"或表述"科学知识"的过程。在表述"科学知识"的过程中，又必须遵循"逻辑与历史相统一"的方法（笔者在《浅谈哲学中的因果链条》一文中对这种方法做过简单的介绍）。这也是对《破解"鬼音"之谜》第一、第二篇文章的全部总结或概括。这些方法主要是从总体上把握科学的全过程。

与"具体—抽象—具体"的方法相对应，还有很多类似的方法，如："特殊——一般——特殊"的方法、"结果—原因—结果"的方法、"个性—共性—个性"的方法、"偶然—必然—偶然"的方法、"实践—认识—实践"的方法等等，都是对科学研究过程与科学叙述过程的总结和概括，只是各自的观察角度不同而已。

可见，哲学原理及其方法主要是对科学研究过程的总结。虽然它也总结了科学知识，但主要是从如何"叙述知识"的角度谈的。我们目前学校的学生只学别人的知识，而不"创"自己的知识，当然也就用不着"叙"知识。所以哲学对学生来说，暂时没有多大的用处（当然暂时没用不等于不要学）。哲学只对于那些有志于研究问题，研究生活中、工作中的各种各样的问题的人来说，才有用处。

2009年11月28日

杂学专家（2009-11-29）：

写得挺好，我就不信鬼，不信神。

我也向同学们作出"我的预言"

——应树立唯物论意识

前些年，我时常在街头看到或听到某些传闻的"大师"们的"预言"，如2000年人类将有灾难等等。笔者见了，只是坦然一笑。因为这种神秘的预言其实是谁都会做的。同学们信不信？如果不信，我就在这里信口做出一个百分之百正确的预言："2020年人类将有灾难！"

我与大师们不同，因为我不仅有"预言"，而且还有"理由"。大师们通常只有"预言"，而没有理由。我的理由很简单：世界之大，无奇不有。翻开人类有文字记载的年志，尤其是近代以来详细的记载年志，就会发现，人类社会每一年都有灾难。要么是中国发生水灾，要么是日本发生地震，要么是美国发生龙卷风，要么是某国发生绑架事件，要么是某国火车不幸出轨，要么是某国总统不幸去世，等等，等等。甚至一年内不止一个灾难，而是几个、十几个、几十个。

由此，笔者坚信：自己的胡诌预言一定是百分之百的正确。虽然我不能预计到将会有何灾难，但灾难的发生是必然的。如果看到南斯拉夫人不幸遭到狂轰滥炸，就认为预言家们神妙无比，那实在是荒谬透顶。

有人告诉我，中国历史上有个叫刘伯温的人曾经预言，500年后将有大事件。当然，刘伯温确实是个有才学的人。但是，如果他真的作了这样毫无理由的、"天机不可泄"的预言，我倒以为他的英名将受损。因为这样的预言对于普通人的我来说，也可以做出："从今天算起，500年后一定有大事件！"当然，这一年到底是社会大同之日的实现还是其他，我不知道，但是，我敢百分之百地肯定我的预言是正确的。

写于2001年

博客中的部分对话

· 冯秀成（2009-12-17 12:03）：

牛老师借历史与现实，说理平实贴切，给学生以唯物论意识的教育，学生一定很喜欢也很受益。学习了！

· 人间天堂（2009-12-18 9:05）：

牛老师的预言也是来源于现实的，且证据确凿。学习。

牛湘坤回复人间天堂（2009-12-18 16:06）：

这是在课堂上与学生聊天说的话，后记录下来了，算不得什么"预言"。谢谢天堂老师的光临与指教！

2020年过去了，这一年还真的出现了好多灾难，最严重的灾难是新冠肺炎的爆发。事实证明，我的"预言"是正确的！

2021年12月11日

试谈政治课教学的矛盾及建议

——政治课组会议上的发言

政治教学中的问题非常复杂，对此人们基本上没有异议。概括起来，有教学目标问题、教学方式问题、教学检测问题、学生个人的兴趣爱好等问题。很多问题在目前的条件下解决起来非常困难。

首先，目前的政治课教学目标非常矛盾。一方面，我们期望学生能够树立科学的政治观念，能够自主地分析问题、思考问题，尤其是分析社会生活中的现实问题。另一方面，我们的目标又主要是让学生记住、掌握书本上的知识，一切按照书本上说的去说，不主张有自己的独立思考，害怕考试时学生得不到高分。对于社会上的现实问题，如何看待和分析，政治课上要不要分析这些问题，都非常矛盾。这种矛盾的目标常常使得教学方式也非常矛盾。

其次，教学检测也存在问题。传统的考试方法主要是检测书本知识的记忆与掌握。对于如何分析和解决问题似乎还没有更好的检测方法，如何体现学生自己的观念而不是书本上现成的观念似乎也没有更好的检测方法。再加上老师们作为个人，其观念本身也有不同，判断学生思想观念的正误及好坏标准也不统一，这都给政治教学改革的成果检测带来了困难。

再次，政治课在整个教学科目中的地位一直不佳。……

以上简单地说了几个问题。针对以上部分问题，我想大致可设计两种方法。

一是如果我校还想继续进行政治课的教学改革尝试，以下几个新的计分方法可供参考：

（1）鼓励学生讲课。当然，由于目前班级人数太多，每个学生上一节课时间也不够用。因此可考虑让部分学生上几节课。大家评论，并给予讲课学生5分左右，即在期末考试基础上加5分左右。

（2）鼓励学生写千字小论文。可根据其见解与水平给予5～10分。

（3）鼓励学生在课堂上谈看法。当然不是具体知识问答，而是谈自己的见解，允许犯错。根据见解程度给予2～5分。

（4）鼓励学生质疑。对学生有价值的质疑给予5～10分。

（5）鼓励学生提"高水平"的问题。所谓高水平的问题不是指一般的具体知识问题，而是指难度较大、书本中没有现成答案的问题，尤其是现实生活中的自然与社会问题。因为任何真正的科学分析都是从问题开始，不善提问就根本谈不上学习高水平的科学分析方法。对于提出高水平问题的学生可以给予5～10分。

（6）鼓励学生做出科学假说。美国的教育好像较重视科学假说，但我国由于只强调现成的知识学习，不重视创造知识，因而从来不注重科学假说。实际上，科学假说的形成不仅是锻炼学生独立思维的好方法，而且是新科学原理形成的前奏。对于能够提出科学假说的学生，可以考虑给予10～20分，甚至更多。期末也可考虑免考。假说可以以学生的名字命名。

（7）鼓励学生提出新的科学原理。当然，对于中学生来说，提出新的科学原理是很困难的，至少对于目前知识应试状况下的中学生来说，几乎还不可能。这只是作为教学理想中的目标之一。对于能提出新科学原理的学生可以给予100分。期末免考。如果高校有推荐制度的话，那么中学教师可以对提出新科学原理的学生写推荐信。

当然，鼓励学生作即席演讲、相互辩论等也是好方法。

二是关于综合考试的问题。由于综合考试的改革方式目前非常复杂。每次考试基本上是以传统知识点的考试方式为主，因此在教学中同时也可考虑基本知识点的学习与掌握。如果我校综合考试完全恢复传统方式，那么教学也不得不考虑传统方式了。对这种教学，主要以反复复习、理解、背记、题海战术为主，背记是核心。

以上为自己个人对政治教学改革的一点设想，仅供参考。

可能写于2002年或2003年

注：这是在一次政治科组会议上作了发言后重新记录下来的，发言前快速打了一下腹稿。讲话中提出的一些建议在当时来说，操作难度较大。但笔者在2009年12月1日所写的《高考改革的一点设想》中主张在各科目考试中加入"分析性作文写作"的建议比较现实，相对来说容易操作一些。

2009年12月22日

· 政经新语（2009-12-28 10:27）：

想法很好，但只能在求真务实政治环境中实现。

牛湘坤回复政经新语（2009-12-29 11:43）：

赞同先生的看法，目前操作难度确实较大。

所有科学理论其实是一篇"巨型大论文"

所有科学理论实际上是由无数人写成的一篇无限大的巨型论文，每个理论之间其实都是相通的。这种相通主要表现在两个方面：

一、研究方法与叙述方法相同

（1）研究方法相同。所有真正的科学理论必然都是采用的"具体—抽象"的科学研究方法。当然这种方法在现实生活中也有很多代名词或同义词，如"寻根究底"的探究方法、"从后思索"的方法、辩证研究方法等等。在某个科学理论基础上的新认识不采用这种方法也可以成立，那它就仅属于该理论的延伸。而前一类型的科学理论通常被人们称为"原始创新理论"。无数的原始创新理论构成了人类理性科学的基础部分。

（2）叙述方法相同。科学理论一般采用"抽象—具体"的表述方法。当然，这种方法也有很多代名词或同义词，如"逻辑演绎"方法、"逻辑与历史相统一"的方法、"假说—现实解释"方法等等。当然，由于某种特殊境况，如作者写作条件有限等等，有的科学理论不是以论著方式表述，而是以分篇的论文形式表述。从单个的某篇论文看，好像没有采用"抽象—具体"的方法，但如果将作者同一主题的论文组合起来看，还是可以看出这种方法的痕迹。

当然，哲学作为专门研究科学及其方法的特殊科学，是唯一的例外。

二、所有科学理论的基本原理相容

只要是真正的科学理论，不同作者所创造的基本原理之间都是相容的，至少不"相悖"或"相矛盾"。如果两个理论的基本原理相悖，那么，其中必有一个是错的，或者两个理论都是错的。

在这一点上，科学与文学不同。文学作品是相互独立的作者感受。作者之间的观点或感受可以不同甚至截然相反。如有乐观作家、悲观作家等的区别，他们的观点或感受可以不相容。只要作品写得好，都可以成立。但科学是绝对不允许这种现象出现的。所有科学理论就是一篇"巨型论文"。

科学知识可以分为"理性知识"和"经验知识"。当然知识类型是无限可分的，划分到什么程度为好？取决于时代的需要。经验知识是从生活中可直接归纳的相对简单的知识，理性知识是必须经过艰苦的"思维探索"才能获得的知识（当然，马克思也把理性知识称为"经验科学"）。而"科学大论文"主要是指"理性知识"。

在整个"科学大论文"中，只有经过严格检验被证明为正确的理论才能保留，相反，被证明为错误的理论将被剔除。一个时期内被认为是正确的，但实际是错误的也会被剔除，如哥白尼的"日心说"等，但由于哥白尼的科学研究方法有正确之处，因而估计他的"日心说"会保留在科学史中。

有人说，任何科学真理都是相对正确的，就像"日心说"一样，随着时间的推移，都会被推翻，而被新真理代替。我们认为，这种说法是错误的。能够被推翻的"真理"就不可能是真理，哥白尼的"真理"不是真正的真理。仔细想来，"日心说"在太阳系的范围内还是正确的。科学的表述应该是："真理是相对正确与绝对正确的对立统一。"之所以说真理是相对的，是因为人类的真理是无限多的，某个人发现的真理只是"无限"中的极小部分。但这绝不是说，这个真理就必将被推翻。因为只要是真正的真理，就必然含有绝对性，即在某个范围内或某种条件下，它是绝对正确的，不可推翻的。因而也就会保留在"科学大论文"内。

如果一个真正的科学真理也可以被推翻的话，那么科学研究工作就没有任何意义了。

当然，也有的人只看到了真理的绝对性，而没看到相对性，这也是片面的。

在实际生活中，人们并没有必要读完整个"科学大论文"，只要读部分就够了，但研究方法则必须读。

我想，很多人不会去读完整个"科学大论文"，因为他们知道，这篇"大论文"是一辈子也读不完的，而只会选择其中极小部分有代表性的理论作为学习的对象。而他们学习的重点我想会放在"科学研究方法"上，因为做到了这一点，实际上就知道整个"科学大论文"大概是怎么回事了。而且他们还知道，只有学习和掌握"科学研究方法"，才能将理论灵活地应用于实际，从而解决生活中的各种各样的问题。相反，如果不学习和掌握"科学研究方法"，即使将整个"科学大论文"中的知识背得滚瓜烂熟，那恐怕也只是在头脑中增加了一纸用处甚微的空文。

人类为何要付出巨大的心血来写一篇"巨型科学论文"呢？有兴趣的网友也许可思索一番。

2009年12月29日

· 马海飞（2009-12-29 19:02）：

言之有理！

人类所有非本能的活动都建立在智慧与知识的基础之上。所有不同学科的研究只是知识上的不同，但是，智慧对所有的学科而言，无论是理科还是文科，都起着相同的作用。知识会随着包括科学研究等人类活动的发展而不断更新，但智慧却是永恒不变的。科学的方法起源于智慧。因此，在科学研究中，尽管知识在不断地发生变化，但科学的方法却始终如一。摆正智慧与知识之间的关系对每个人来说都至关重要。

牛湘坤回复马海飞（2009-12-30 12:55）：

精彩！谢谢先生的指教！

浅论杜威的反省思维

网络的方便使我今天有幸阅读到了饶芳先生所写的《杜威论反省思维》一文，非常欣赏。在本文中，我利用自己二十多年前建立的"文字与思维不同步"之说对杜威所述的反省思维略作个别方面的简单评述。

二十多年前，我曾从写作的角度把人的思维区分为自然思维与腹稿思维两大类。自然思维是指人"天生"所具有的思维，腹稿思维是"后天"产生的，它与人们说的写作思维大致相近（不完全相等）。

教育要培养的思维实际上是指腹稿思维，而不是自然思维。腹稿思维按类型区分非常复杂。从写作角度看，我把它们大致区分为简单思维（或简单腹稿思维）、正常思维、复杂或双重思维三种形式。双重思维又包含研究思维与叙述思维两个过程。复杂或双重思维是人类最高级的思维方式，是人类创造科学理论的思维方式。当然，它也有很多同义词如哲学思维、辩证思维、科学研究思维、"具体—抽象—具体"的思维方式等等。

在日常生活中，公安部门的破案思维、医疗部门的复杂病情诊断治疗思维以及其他部门分析解决较复杂问题时所应用的思维等应该说也是研究思维在具体专业部门的体现。

杜威所说的反省思维在我看来就是我说的双重思维中的研究思维。研究思维除了本身复杂以外，最令人难以理解的是这种思维过程在文字书籍中没有记载，所以人们弄不清这究竟是怎样的思维。虽然创造了科学理论的科学家们都要用到这种思维，但在他们的科学理论中，人们却看不到他们应用该种思维的过程，科学理论本身只是他们研究思维产生后的结果。我个人曾在《略谈作文腹稿的三种形式》（载于《中学语文教学》1997年第9期）一文中的第四部分披露过一部分我个人研究思维的过程。

研究思维或杜威说的反省思维是人类最复杂的思维。从不同的角度看，该种思维表现出不同的特征。从哲学角度、写作角度、逻辑角度等来看，该种思维都有自己不同的特征。

杜威大概是从思维反思的角度观察，发现了该种思维的反省特性，从而将该种思维命名为反省思维。实际上，该种思维的同义词很多，如研究思维、探究思维、两极思维、矛盾思维、质疑思维、问题思维、寻因思维、寻根究底思维、具体到抽象思维等等很多同义词。它们都是从不同角度观察而表现出来的各自特征。

也许是西方两千多年前就有讨论研究思维的传统，杜威很早就论述了研究思维（反省思维）的反省或反思的特性，并力主在儿童教育中加以落实，十分难得。

我在以前文中曾说："理论上的创造性思维方式必须建立在二级语言表达阶段的基础上。"通俗地说就是：研究思维必须建立在会写一般议论文的基础上。儿童通常不具有写议论文的能力，因而要学会研究思维实际上是很困难的。

中学生可以具备一定的议论文写作能力，因而从理论上说，中学生可以适当了解和学习研究思维的大致状况，不过这种学习对于我国当今中学的现代知识与技能教育的帮助不大，因而估计老师们或教育界对杜威主张的这种思维培训不会感兴趣。

总的来说，杜威对科学研究思维有较早较深的研究，并力图在教育中实现该种思维的培养，十分难得，令人敬佩！但由于受到中小学甚至大学的现代知识与技能教育的限制，这种思维培训在一段较长的时间内难以实施。

注：我们说的研究思维有时指科学研究思维或双重思维，有时专指双重思维中的研究思维过程。

2018年7月27日

科学发现与技术发明哪个更难？

科学发现难还是技术发明难？虽然两者都很难，但我还是应该说，科学发现更难。

从历史上来看，技术发明的优秀人才可能作出一项或几项技术发明，且技术发明多者一生中也可以有几百项甚至上千项的发明。爱迪生应该说是目前人类技术发明最多者，他一生共有一千多项技术发明。

而科学发现者一生中能有一项发现就非常了不起了。据我所知，在人类社会中作出了两项重大的科学发现者目前只有一人，那就是马克思。这从某种程度上也说明科学发现远远难于技术发明。

从发明发现的过程来看，科学发现确实非常艰难。技术发明中虽然思维因素起决定性的作用，但还可以借助反复直观的实验过程。而科学发现虽然也要实践实验，但更重要的是思维。这种思维当然不是一般性的思维，而是根据客观表象事实所进行的一种寻根究底的哲学思维，它要寻找人们通常认为没有答案的答案。而这种答案的寻找也许要花一年或几年的时间，甚至十几年，或许终生找不到。这太难，也太累，因而当某个人进行了一次这样的思维之后，就不想再进行第二次这样的思维了，甚至也担心一生中没有精力与时间再作第二次这样的思维了，除非发现者认为非常必要，甚至比自己的命都重要，就像马克思那样，才有可能再去作第二个科学发现。

另外，就个人动力而言，技术发明的实际利益远远大于科学发现。我们知道，技术发明是可以给发明者个人带来巨大财富的，而科学发现虽然对社会有利，但发现者个人则没有什么实惠。所以技术发明的动力较强，而科学发现却很少有人去做。法拉第发现了电磁感应现象，世界因此出现飞速发展，但法拉第本人却因贫困而死。科学发现者除了应具备较强的哲学思维以外，还必须具备为人类作无偿贡献的精神。

很多人包括亚里士多德认为，好奇是哲学的起点，或科学发现的起点。而我在以前写的《哲学的起点是好奇吗？》一文中指出：好奇只是表面现象。若没有奉献精神，好奇是无法使思维持续运转的。而世界上具有无偿奉献精神的人就目前而言毕竟相对较少，这也使得科学发现很难作出。

更有甚者，科学发现还要冒很大的风险。正如列宁所说（原文记不住）：如果几何定理侵害了人们的利益，它也会遭到封杀的。

马克思作出了两项重大的科学发现，改变了人类的观念，也使人类社会发生了深刻的变化。可到目前为止，世界上大部分国家尽管也利用了马克思的一些方法改善了社会条件，但口头上对马克思的两项科学发现并不予以承认，只有中国等少数国家予以承认。在西方国家也只有一些民间予以承认，就连爱因斯坦这位自然哲学水平很高的人好像对唯物史观也无法理解。而马克思本人在当时还经常被各国政府驱逐。布鲁诺为了科学更是献出了生命。可见，科学发现有时还要冒极大的风险。我以前在《辩证思维浅议》一文中曾说，在某种社会环境极度恶劣的情况下，研究成果的公布还可能引来"杀身之祸"！虽然当今的中国人大多认为"科学研究无禁区，舆论宣传有纪律"，但并非世界上所有国家都具有这种思想。这也是科学发现很难出现的另一个原因。

科学发现的艰辛、无利及风险使得其发展困难重重，它需要良好的个人哲学修养及奉献精神，需要充满正义、安全的社会环境，甚至需要较高程度的社会鼓励。

注：此文应该说也是"文字与思维不同步之说"等文的创作体会。

2018年11月17日

哲学有用还是无用?

——为2007年高二学生所作

哲学有用还是无用?很多人要么回答"有用",要么回答"无用",其实从严格的角度说,这是没有学过哲学,或没有学懂哲学而产生的片面回答。从辩证的角度回答,哲学是"既有用又无用的",或者说,哲学是"有用与无用的对立统一"。

在今天的中国,一个人如果只是想像动物一样填饱肚子,实在是太容易了,哪里用得着学哲学呢?如果仅仅想找份工作,仅仅想赚一点钱来糊口,哪里用得着学哲学呢?

哲学是一种不满足现状的学问。人与动物不同,不是只要活着就够了,而是想活得更好,活得更充实更愉快。当人的物质生活达到较好的时候,人还是不满足的,人还需要美好的精神生活。当人有了马车运输的时候,人还是不满足,还需要汽车、火车、飞机等更好的运输工具。当人有了钢笔这样先进的工具进行写作的时候,还是不满足,还需要电脑来写作。笔者的这篇文章就是用电脑直接写作的,但我还是不满意,我希望能直接用"口"来写作,那样更轻松更愉快。而我坚信,在将来,一定会有直接用口写作的工具。当我的生活接近了一个小康水平的时候,我也不满意,我希望别人,至少是大多数人都能接近小康水平。人就是在这种既满足又不满足的状态下生活。而人要使每一个不满足变成满足,就需要哲学。哲学对世界不停地探索,就会产生科学,从而不停地改变现状。我希望同学们的哲学水平高超,是希望同学们不要认为只填饱肚子就够了,而是希望同学们将来能不停地探索，不停地创造科学，不停地改变世界。所以，从这一个角度说，哲学不仅有用，而且用处极大，是人类不可缺少的学问。

其实，不止哲学，任何一门科学，都是有用与无用的对立统一。数学家们把数学的用处推崇到了极致，认为人不懂数学，根本就无法生活。可是，我的母亲是个文盲，更没学过数学，不也活了一辈子吗？在用钱买东西的时候，她计算上几乎没有出过错，好像她天生就具有粗浅的口头计算能力。从这一个角度说，数学对她有多大的用处？可见，人如果仅仅想填饱肚子，仅仅想生存下来，那么，不仅哲学、数学等其他任何科学都没有用。可是，人如果要求发展，想活得更好些，就绝对少不了哲学和科学。

"哲学是科学之母"（爱因斯坦语），没有哲学，就无法产生科学，就无法更好地改变世界。我们平时在学校学科学，大多数情况下，只是理解和背记了一些科学理论或原理，而这些科学理论或原理是如何产生的？我们很多同学都不知道，更不要说自己去创造科学或原理了。而这些问题都要靠哲学来解决。

哲学有没有用？还是请同学们来发表见解吧！

2007年2月25日

哲学有何用处?

——为2007年高二学生所作

"哲学"一词在今天中国人的交谈中通常是指辩证唯物主义。学哲学就是指学习唯物辩证法的基本原理及其看待世界的方法。

人们为了更好地改造世界,首先就必须正确地认识世界(事物)。而世界的极度复杂性常常使人们无法正确地认识世界,人们在认识世界的过程中老是出错。那么,如何正确地认识世界?这就需要一系列正确的方法。而唯物主义哲学就提供了正确看待世界的科学方法。这种方法也被称为"科学世界观"。所以,哲学的最大用处就在于为人们提供正确的世界观。

科学是科学家在分析了具体事物之后的正确"见解",这种见解以系统"观点"的形式表现出来。然而,要想得出正确的"观点",在分析问题时就必须有系统的科学方法或思维准则,或者说,必须有系统的科学世界观。而唯物主义哲学就是系统的科学世界观。只有有了正确的世界观,才有可能提出正确的观点,也才有可能创造"科学"。爱因斯坦说,"哲学是科学之母"就是这个道理。

人与动物最大的不同就在于人会思维,然而并不是所有的思维都是正确的。而唯物主义哲学就是帮助人们正确思维的学问。所以哲学又可以说是思维学,或思维逻辑学。传统的教育帮助学生学了很多知识,但在思维上却没有起到大的作用。而人在更大的程度上是凭借思维而生活的。

在这里,我们说了哲学的主要用途。然而实际上,哲学的用途是无限的。它涉及任何一门科学或学科。

在此，我特别想说一下哲学在闲暇时的用途。人在闲暇的时候，也是枯燥乏味的。机器人没事干的时候，可以呆呆地坐着，可人不行。人总要干些事，如打扑克、玩游戏等。而哲学在闲暇时间里其实也是非常好玩的欣赏品。不过，这种欣赏可能属于比较高雅的欣赏，它需要欣赏者达到一定的科学素养后才能将其当作欣赏品。我期望同学们闲暇之时或老来退休之后能将哲学当作上等欣赏品来消遣。那可能是一件很有趣的事。

注：此文与上文属于同一个晚上所作，写第二文时感到非常疲惫了，就迅速地结了尾。当然，由于上两文的阅读对象是学生，而不是学术界，故而写得较简单。如果为外界写显然不能这么写，对外界谈哲学功能时，应尽量谈很多人不太了解的功能，如哲学的判断科学是非的功能、引导思维路径的功能等。

2007年2月25日

什么是哲学？（笑话）

马克思问大家：什么是哲学？

A：哲学就是关于怀疑的学问。

B：哲学是关于批判的学问。

C：哲学是两极思维。

D：哲学是寻根究底的思维或学问。

E：哲学是关于善于提问的学问。

F：哲学是探求真理的学问。

G：哲学是判断科学是非的学问。

H：哲学是探求本质和规律的学问。

I：哲学是关于因果联系的学问。

J：哲学是关于探索和创新的学问。

K：哲学是关于否定的学问。

L：哲学是探索世界之谜、回答世界未知的学问。

M：哲学是正确解释世界，从而有效改造世界的学问。

N：哲学是关于人类理性的学问。

O：哲学是永无止境的追问。

P：哲学是对宇宙中有无神的争论。

Q：哲学是科学的实践论。

R：哲学是关于人类高级思维的学问。

S：哲学是研究各种事物条件的学问。

T：哲学就是学会像马克思那样思索。

......

Z：哲学是关于自然、社会和人类思维规律的学问。

马：都答得好！就是最后一位Z先生的回答令人不满意。

Z：马老师，这句话是教科书中说的！

马：只会重复别人的话，考试可以得高分，但未必真懂哲学。

2007年6月6日

哲学知识与哲学的运用

哲学知识与哲学的运用虽然具有紧密的联系，但它们仍然具有各自的独立性，它们仍有着属于自己的范围或领域。一般来说，哲学知识是指哲学原则或原理，它是事物运动及思维运动最一般性的规律或准则。人们的思维活动遵循了这些原理，我们就说他们的思维符合逻辑（辩证逻辑）。相反，人们的思维活动如果与这些原理相违背，我们就说，他们的思维违反了逻辑。所以，哲学原理的本质，除了反映事物客观规律外，在思维上的运用，就是判断思维是否符合逻辑的标准。也许正因为如此，黑格尔把他自己的哲学表述为逻辑学。形式逻辑一般是指知性思维的逻辑，也可以说是辩证逻辑中"叙述逻辑"，但它无法衡量研究思维是否符合逻辑。

通常哲学家一般是指哲学原理的奠基者。从这一角度看，黑格尔、费尔巴哈、马克思都属于典型的哲学家。然而，马克思与前两者的哲学论述虽然有区别，但更突出的区别还在于其他（后面讨论）。

从写作的角度看，高明的作家一般都有这样的习惯：前人或别人讨论过的问题，尤其在这些讨论本来就非常精彩的情况下，这些作者往往不会再去讨论。这是因为，作者感到在这些问题上，自己的见解已经很难超过前人或别人。与其自己再去写，还不如将精力放在别的方面，让读者直接去看前人或别人的论述更好。

马克思虽然讨论了很多哲学的问题，但实际上，黑格尔与费尔巴哈的一些精彩的哲学问题，马克思尽量避免再谈，除非有必要重复。马克思所谈的主要是他们错误的地方及没有涉及的很多哲学问题。因此较完备的哲学原理除了马克思恩格斯直接讨论过的外，还应包括前人，尤其是黑格尔与费尔巴哈哲学中的一些精彩部分。

然而，马克思超过黑格尔与费尔巴哈的地方尽管很多，但最突出的地方在我们看来，是马克思对哲学的运用。马克思将哲学或哲学原理用于了分析现实问题上，最杰出的代表作就是举世闻名的《资本论》。《资本论》是哲学运用最光辉的典范。由于《资本论》的问世，使得以前所有的哲学家都为之逊色了。黑格尔与费尔巴哈虽然总结哲学原理的水平高超，但他们没有将哲学运用于实际分析的事例或示范，而马克思则有。因此严格说来，马克思不仅是最杰出的哲学家，而且还是"哲学科学家"，即将哲学运用于具体科学研究之中。

未来的哲学家也许可以将马克思哲学及很多人的哲学思想综合在一起，写成篇幅更大的哲学著作。但如果写不出类似《资本论》这样的哲学运用的科学著作，哪怕是篇幅较小的科学论文，那么无论其哲学水平多么高，终究是一种遗憾或缺陷。

在哲学的运用中，列宁、毛泽东、邓小平也是杰出的典范，因为他们实际上写出了类似《资本论》的著作，只是人们在这方面的研究尚缺乏罢了。

因此，学习哲学，并不单单是学习哲学上的原理，还应学习马克思、列宁、毛泽东、邓小平的哲学运用方法或哲学思维。这可能才算得上是对哲学较完整的学习。当然，不完整的学习比不学习要好得多。

2006年4月23日

注：今天重读这篇短文，觉得那时的思维好像很活跃，文中谈的"哲学家"和"哲学科学家"的概念当然也只是我当时个人的理解。

2020年10月12日

对西方哲学的粗浅看法

对西方哲学确实不应该随意评论，因为不少的哲学家见解独到，论述迷人，只能虚心学习，不能妄加评论。我个人从网上也收集了很多我认为精湛的中西方哲学文章，闲来无事欣赏。

但同时也必须承认，西方哲学良莠不齐。很多哲学家，甚至一些很有名气的哲学家对哲学好像也是似懂非懂，讨论哲学问题也是罗里吧嗦，索然无味，很难读下去。

当然，我对西方哲学的简单评论，主要是站在我个人对哲学理解的角度。至于我个人的理解是否准确，那就是另一回事了。例如，如果我的理解不正确，那么此文也就毫无意义了。

正如我以前文中所说，人类社会之所以会产生哲学，主要是因为科学理论的创造需要一种与文学思维不同、与一般知性思维不同的特殊的思维方式，称其为哲学思维亦可。当然，在具体行业中解决复杂问题时也必须使用该种思维，如公安部门的破案思维、医疗部门诊断治疗复杂病情思维等，我在以前的文中也谈过。从写作的角度来说，我把这种思维方式称为"复杂或双重腹稿思维"，当然也包括其派生形式。

该种思维中的研究思维过程从来没有人用文字表述过，如牛顿并没有用文字写出自己的研究思维过程，马克思也没有用文字公布自己的研究思维过程，尽管马克思说过这种思维的很多特性。由于这种研究思维过程太复杂，用文字写出来不仅费力，而且人们无法看懂，所以牛顿、马克思等都是采用简化了的语言来表述他们的科学理论的。而哲学就是总结科学理论的，严格说，主要是总结科学理论的研究过程。单纯总结科学理论的文字表述部分大概就叫做形式逻辑。哲学原理是这种理论研究过程总结的重要结晶之一，当然它也能反过来引导、规范科学研究过程，以使研究者能走在正确的思维路径上。不过这种引导和规范是有条件的，即研究者本人至少必须懂得一般议论文的写作。如果研究者连一般议论文的写作也不会，那么哲学原理的指导作用则相对小很多。当然这些观点也是从我二三十年前发表了的研究论文中引申过来的。

正因为研究思维过程无人用文字表述过，因而西方很多哲学家对此也是似懂非懂。他们很多人知道科学理论中包含有某种特殊思维，但对这种特殊思维他们本人也没有体会，因而只能进行一些猜测性的想象。这种想象有些是猜想对了，但很多猜想是错的。对这种正确错误混杂的想象都要进行论述，因而西方很多哲学论文论著自然也就出现了长而累赘、罗里吧嗦、索然无味的现象。当然与文学相比，哲学以及科学理论对绝大多数人来说，本身的趣味性也要小很多，因而必须设立专门的学校来学习，否则绝大多数人仅靠自己是读不下去的。

我个人有一种建议，即初学哲学者最好还是以我们国家编写的《辩证唯物主义和历史唯物主义》的教材为蓝本，其他哲学文章仅做参考性的阅读，或当作闲来欣赏物。当然马克思曾说，学习哲学没有别的好方法，主要应学习历史上的哲学。不过我想那时尚缺乏《辩证唯物主义和历史唯物主义》《马克思主义哲学原理》等比较系统的好教材（马克思本人编写这种教材，水平自然会更高，但他没有精力去编写这些教材）。马克思主义哲学虽然是从西方传统哲学演化而来，但毕竟扬弃了西方哲学，因而可以说是一种更先进的哲学体系。直接学习这种哲学可以少走很多弯路。当然，现行的哲学原理教材某些地方应该还可以改得更好。特别是该种哲学分析问题时所采用的哲学思维方式博大精深，很多方面还需要学者们进一步挖掘和开拓。因为教学实践表明：懂得哲学原理并不等于会进行哲学思维。

一直不想对西方哲学进行简评，但也不希望人们盲目崇拜西方哲学。因此趁本书尚未出版时补充此篇短文，以供人们参考。

注1：此短文的写作基本上没怎么打腹稿，是边想边写，因为此文的内容应该说是以前思维的再现，或者说，很早以前想过类似问题。

此篇短文从表面看属于"正常腹稿思维"范围，但实际上还是与"双重腹稿思维"有关系，因为它实际上还是"文字与思维不同步之说"的继续。或者说，它是利用了以前双重腹稿思维的研究成果。

注2：知性思维我们一般是指使用"正常腹稿思维"所写的分析性议论文。知性思维在大部分情况下的论述其实也是正确的，只是对很复杂的问题进行论述分析时才表现出了它的局限性。

2021年9月11日

汉语中的"矛盾"与哲学上的"矛盾"的区别

此文较抽象枯燥难读，我对此文的表述也感到较麻烦，但文中问题好像又不得不讨论，因为很多人甚至包括我自己对"悖论"、"对立"、"矛盾"、"逻辑矛盾"、"自相矛盾"等词语也颇伤脑筋。

2022年11月6日

一、科学理论是"既矛盾又和谐"的

汉语中的"矛盾"相当于哲学"矛盾"中的"对立"。汉语中的"和谐"相当于哲学"矛盾"中的"统一"。

"既矛盾又和谐"就是哲学中的"既对立又统一"。

科学理论是"既矛盾又和谐"的。科学研究是矛盾（对立）发现、展开的过程，科学理论是矛盾（统一）演绎、表述的过程。

只有对立而没有统一的矛盾属于逻辑矛盾，即汉语中的"矛盾"。逻辑矛盾若能够得到逻辑上的统一，则逻辑矛盾转化为辩证矛盾，即哲学上的"矛盾"。若逻辑矛盾无法转化为辩证矛盾，则被称为"自相矛盾"。理论则不能成立。

只有统一而没有对立的矛盾属于知性逻辑中的"矛盾"，即形式逻辑中的"同一律""无矛盾律"。这种"同一律""无矛盾律"的应用适合于几乎所有的文字表达，但对于没有用文字表达出来的、仅存在于人的研究思维中的"研究过程"[①]不适用，即对于复杂事物的本质寻求无效。

因此，在高二哲学教学中，鼓励引导学生学会发现、展示自然与社会生活中的矛盾（对立），并使矛盾（对立）在逻辑上转化为和谐统一的整体，是提高学生哲学修养的重要内容。

2002年

二、现在的补充说明

上面的内容为20年前所写。本来觉得这个问题啰嗦复杂，因而已经将此文从本书中删除了。然而现在我想，这个问题实际上在我今天的感觉中依然存在，恐怕不能回避，而且最近又有人向我提出了类似问题。所以在出版此书的最后时刻还是将此文加上了，以求教于同仁。

简单地说，"悖论""对立""逻辑矛盾"这些词语，在我看来，与汉语中的"矛盾"一词应属于同义词。举例来说，"某人说的话前后矛盾"，意思是说，某人说的话"前后对立""自我对立"或"自成悖论"。这里说的"矛盾"，仅含"对立"之义，不含"统一"之义，仅是汉语中的"矛盾"，不是哲学上的"矛盾"。

哲学问题总是较抽象复杂，不知我的表达是否清楚？

2022年11月6日

注①：对"研究过程"的解说，请参看我以前创作的"文字与思维不同步之说"及其他某些相关文章。

经济学教学

试论我国医药商品市场价格周期性暴涨规律

　　此文载于《湖湘论坛》1989年第3期，是我在湖南省委党校任教时所写的一篇较专业性的经济学论文，属于"双重腹稿思维"的雏形。写该文的起因是一位在医药界从事行政领导工作的学员向我提出的一个问题："医药商品为什么会出现价格暴涨现象？"很惭愧，作为经济学教师，我当时无法回答。后来经过一年的思考（打腹稿），我得出了"医药商品具有特殊价值构成"的结论，并从此结论出发又得出了"医药商品一定具有周期性价格暴涨的特征"的结论。为了证实这一结论的正确，我又到一些医药部门进行了为期一年的调查，直到1989年，一些医药商品果然又出现第二次价格暴涨，于是我就写下了此文。在发表了论文的近二十年中，我都关注着医药商品的价格变化，发现"医药商品价格周期性暴涨"的现象依然存在。不过近十多年来，医药商品价格暴涨现象已经得到了很大的改善，很少出现以前那种暴涨现象了，但该文的研究方法和写作方法应该还是有较好的参考价值。

　　这篇论文的写作对我理解马克思说的"具体——抽象——具体"的分析方法起了很大的作用，为我后来创作"文字与思维不同步之说"奠定了哲学基础。在当时，我只是模模糊糊地感到：这种从实践中的现实问题出发进行"腹稿思维"，然后又回到实践中检验思考结论的方法可能就是马克思说的"研究过程"或"研究方法"。到了1996年，我更坚信，这就是马克思的哲学方法或科学研究方法。

　　另外，此文第三部分中所采用的商品价格构成的公式引自于《资本论》。

2022年10月25日

一

凡是生活的基本必需商品都含有价格暴涨因素，这早已被事实所证明。这类商品一旦出现短缺或供不应求，价格就会暴涨。因此，当粮食商品出现短缺的时候，政府往往采取配给制来缓和价格暴涨局面。

医药商品从病人的角度来说，毫无疑问也是一种生活基本必需品，因为它的使用价值是治病救命，是病人不可缺少的物品。因此，医药商品也包含价格暴涨因素。只要出现供不应求，其价格必然会暴涨。我对25种药材作抽样调查，结果发现，自1978年以来，每一种药材都出现了价格暴涨现象。除了3种药材主要由于原材料缺乏、生产艰难、生产周期长等特殊原因，而带有稀有商品性质所引起的价格暴涨，甚至持续上涨以外，其余的22种几乎属于纯粹的市场性价格暴涨。

毫无疑问，在现实生活中，人们会感觉到，并不是所有的基本生活必需品都会出现价格暴涨现象。又以粮食商品为例。粮食显然是最基本的生活必需品，但在现代西方国家里，其价格几乎没有出现过暴涨现象。在我国实行粮食价格双轨制，或说部分粮食价格放开的情况下，虽然出现了倒买倒卖等非法现象，但是没有出现像医药商品那样的价格暴涨现象。原因何在？这就要求我们分析商品的具体用途了。

粮食固然是人们最基本的生活资料，但是，它还有着多种用途，如用作副食品原料、家禽牲畜的饲料、酒的原料等。因此，粮食实际上拥有二重特性。作为人们的基本生活资料，粮食属于生活必需品。但作为副食品原料、家禽牲畜的饲料等，粮食则属于非生活必需品。在当今西方国家里，说到粮食出现供不应求的时候，往往是指副食品加工业原料不足的情况。在这种情况下，粮食商品实际上已属于普通商品，其价格变化也与一般商品相同。没有偶然因素，它是不会经常出现价格暴涨现象的。

医药商品则不同。医药商品特殊的使用价值决定了该商品只有单项用途——治病。这也就是说，医药商品始终属于生活必需品，因而始终含有价格暴涨因素。医药界有的人把经济改革以来的医药商品生产称之为"恶性循环"，这显然不是偶然的。

同时，商品的可替代程度与价格变动也有着密切的关系。作为基本生活必需品的粮食商品在其内部往往可以互相替代。谷物商品缺乏，人们可以购买麦类商品，谷物商品的价格即使上涨，也不会暴涨。只有在整个粮食商品缺乏的情况下，才可能出现价格暴涨的现象。

而医药商品则不同。在医药商品内部，一种药品的缺乏往往不能被另一种药品的充裕所弥补。治脚癣的药显然不能代替治肝炎的药。因此，即使大多数药品充足，仍然可以出现部分商品价格暴涨的现象。1985年，当很多药材如玄参、当归、白芷、金银花、杜仲、厚朴等的价格处于稳定时，甚至部分药材如枣仁、党参、柴胡等的价格还下降时，有的药材如白术、玄胡、麦冬、吴茱萸、茯苓、菊花等价格大幅上涨。一般商品是很少出现这种现象的。

可见，医药商品不仅是一种基本生活必需品，而且用途单一，可替代程度低。这些特点决定了医药商品是一种极为特殊的商品。这种商品本身即含有价格暴涨因素。

二

一种商品的价格的上涨能否持续，与人们的购买密切相关。如果一种商品出现价格上涨，而人们仍然不退出购买，毫无疑问，价格将持续上涨，反之则下跌。但由于医药商品是一种基本生活必需品，因此，在一般情况下，人们不会退出购买，除非这种购买影响到购买者的生存，例如，由于购买药品花完钱财，最后连米都买不起，这样，需要药品的人就不能不考虑停止购买药品。只要购买者的生活水平能够承受得起，他就不会轻易退出购买药品。可见，医药商品的价格上涨与人们的生活水平直接相关。如果人们的生活水平高，购买力大，那么医药商品的价格上涨幅度必然大。这就是为什么医药商品价格上涨幅度远远大于一般商品的原因。从我们对22种（除去特殊的3种）药材自1978年到1989年1月的抽样调查来看，医药商品价格上涨幅度平均达4.5倍。幅度最大的达11倍，最小的也不低于1.5倍。事实上，市场议价的上涨幅度更是大得惊人。如1985年白术药材批发价格上涨6.5倍，而市场议价高达13～15倍。由于市场议价统计困难，我只能收集批发价数据。但实际上在价格暴涨期间，批发价是"有价无货"。这种幅度是一般商品无法比拟的。

事实上，一个国家对医药商品的社会购买力水平并不完全取决于国民收入总值。人们的收入是否均匀也标志着医药购买力的大小。在一个收入悬殊的国家，收入高的人并不意味着对医药商品的购买力大，因为购买药品的行为是否实现，取决于这个人的需要。而收入低的人即使需要药品，又受到能力的限制。因此，收入不均的国家对医药商品的总购买力并不与该国收入总值成正比。而在一个收入较平均的国家，几乎人人都具有一定的购买力。因此，可以说，在国民收入总值相等的情况下，收入均匀的国家对医药商品的社会购买力要大于收入不均的国家。尽管我国国民收入总值远低于西方发达国家，但医药商品的社会购买力并没有这样悬殊。

事实上，在我国，由于社会主义性质决定，公费医疗的实行是一种客观的必然。并且随着生活水平的提高，公费医疗范围还有扩大的趋势。这极大地提高了我国医药商品的购买力水平。虽然我国目前享受公费医疗的人不到30％，但是，据医疗部门统计，在每年的医疗费用中，公费医疗占50％。可见，公费医疗的购买力是极大的。

我国较平均的国民收入及公费医疗虽然一方面体现了我国社会主义制度的优越性，但另一方面在客观上也促进了医药商品的价格上涨幅度，使我国医药商品的价格上涨幅度远远超过西方。在美国，医药商品的价格上涨幅度若达1.5倍就极为惊人了。在美国消费者协会1986年公布的十多种涨价药品中，幅度超过1．5倍的仅仅三种，其中涨价最高的药品也不过1.8倍，这与我国相比，只不过是小巫见大巫。

三

医药商品价格出现大幅度上涨，必然驱使人们大规模地盲目生产，这又必然造成大量的医药商品积压。我国1985年医药商品价格大幅度上涨结果引起了1986年全国性的医药商品积压。而医药商品的单一用途及其内部的不可替代性又决定了积压的医药商品在短期内难以消化。如果粮食出现价格暴跌，那么副食品加工业的扩大可以消化多余粮食，而医药商品则没有这种幸运的条件。医药商品无论怎样降价都无法使积压商品得以销售。而医药商品的易失效、易霉变等特点又加速了医药部门的经济损失。

然而，我们都知道，商品价格等于成本加利润。即：

$W = K + P$ 或 $P = W - K$

但如果考虑到医药商品纯粹的浪费损失（我们用L代表），那么，在医药部门内，上述公式是不相等的。而是：

$P < W - K$

如果要使两边相等，公式应为：

$L + P = W - K$ 或 $P = W - K - L$

这就是说，医药部门不仅要补偿原来的积压浪费损失，而且补偿之后还要获得原来的利润。那么，这个损失部分从什么地方得到补偿，显然，在市场条件下使用降低成本的办法是行不通的。因为降低成本的目的在于获得更高的利润，而不是补偿损失。那么唯一的途径就只有提高价格，即把损失包含在价格内。用公式表示为：

$W = K + P + L$

作为一般商品，由于盲目生产而造成的损失，在市场条件下是无法得到补偿的。但是，我国医药商品由于有了可靠的价格暴涨保证条件——收入均匀和公费医疗，因此，这个损失部分在价格暴涨期间是很容易得到补偿的。可见医药商品的价格构成有着自己独特的内容。

上述公式意味着医药商品除了前面说的价格暴涨具有可能性甚至必然性

外，也具有必要性。医药商品价格上涨幅度最低不得低于上述公式，否则医药企业就有倒闭的可能。

正因为医药商品的积压所造成的损失必须要由价格上涨来弥补，因而我们可以说，医药商品出现周期性价格上涨是我国市场条件下的客观规律。尽管我国价格放开的时间不长，尤其是医药商品价格并不是一次放开，有的医药商品价格放开仅仅几年，大部分商品还没有出现周期性的价格暴涨，但是，仍然有一部分商品出现周期性价格暴涨的苗头。例如，1985年白术药材价格出现一次暴涨，1988年5月又出现了一次暴涨。1985年玄胡价格出现一次大涨价，1988年下半年又出现了一次更大幅度的价格上涨。1985年菊花价格出现了一次暴涨，1987年又出现了一次暴涨。1985年麦冬价格出现了一次暴涨，到1988年下半年又出现一次暴涨。

如果医药企业在价格暴涨期间过于乐观，将价格暴涨带来的收入用于扩大消费基金规模，那么会进一步加剧医药商品的价格上涨幅度。因为前阶段的收入不用于补偿后阶段的部分积压损失，则意味着全部损失必须由下一个价格上涨单方面来弥补，故此下一周期的价格上涨幅度必然会更大。

由于我国生活水平具有不断提高的趋势，我国公费医疗随着生活水平的提高也有逐渐扩大的趋势，因此，我国医药商品周期性价格上涨也将趋于更严重。尽管我们可以采用严格控制公费医疗及价格暴涨期间医药部门消费基金规模等手段来减低医药商品价格上涨幅度，但是无法消除价格暴涨的根源。虽然走回头路，取消医药商品的市场机制也不失为一策，但不利于医药企业经济效益的提高，不利于医药商品经济的发展，这早已被历史所证明。因此我们认为：掌握我国市场条件下医药商品周期性价格暴涨规律，预测各种商品价格暴涨的时期及幅度，增大国家调节干预的作用是解决我国医药商品生产的大方向。

载于《湖湘论坛》1989年第3期

奴隶们为什么要破坏新式的生产工具？

初二《思想政治》第三课《封建社会生产力与生产关系的基本状况》第一节谈到了奴隶制末期奴隶们常常破坏新式工具的现象，课文封面的彩图上也显示奴隶们拼命地砸碎轮犁，虐打马匹。为何奴隶们要这样做呢？课文中分析了原因，即奴隶们发泄对奴隶主的不满及怨恨。然而，这种分析仍使一些同学难以理解，他们问道：发泄怨气为何要砸碎新式工具？为何要虐待无辜的马牛？的确，要回答这一问题，靠书本上仅有的说明当然是不够的。为了使学生更好地理解这一问题，我们作了比较深层次的分析。

我们认为，奴隶们破坏新式工具更重要的客观原因是，在当时的历史条件下，这是奴隶们保护自身利益的一种重要手段。尽管新式工具的采用可以使生产效率提高，但对于奴隶们来说却没有任何好处，相反，只有坏处。因为，奴隶制生产关系的特点决定了生产效率的提高，并不能使奴隶自身的收入有所增长。相反，还会带来损失。

举例来说，当一个奴隶用锄头做翻地的工作时，也许在1个单位的时间内可翻1个单位的田土，10个奴隶在1个单位的时间内可翻10个单位的田土。但采用了新式工具——轮犁以后，也许1个奴隶在相同的1个单位的时间内就可翻10个单位的田土。这就是说，采用新式工具后，1个奴隶即可干完10个奴隶的工作。那么其余9个奴隶是否就可以休息了呢？显然，毫无怜恤之心的奴隶主势必要其他9个奴隶也像第一个奴隶一样翻耕同量的土地。这就是说，他们必须开垦新的相当于原来9倍的荒地。但奴隶社会的所有制与分配制又决定了，奴隶们虽可生产更多的成倍的产品，却分不到这些产品。可见，新式工具的采用不仅对奴隶们没有任何好处，反而增加了奴隶们的劳动量，增加了奴隶们的劳动强度。而奴隶们破坏新式工具也仅是保护自己疲惫的体力免受进一步的伤害，使自己苟延残喘的寿命能稍许延长点罢了。

至于奴隶们虐待马牛，也出于同样的道理。虽然作为生产工具的马牛本身并不带有阶级性，但它们在奴隶社会作为农业耕种的新式工具，同样只能给奴隶们带来更大的体力消耗。虐待马牛，尽量使它们丧失活动能力同样是奴隶们保护自身的一种措施。因此，与其说虐待马牛过于残酷，还不如说这是没落的奴隶制生产关系带来的恶果。

事实上，当封建的生产关系产生后，马牛、轮犁则受到了被释放的奴隶们的欢迎。可见，新式工具遭到破坏，是奴隶制生产关系走向衰落与灭亡的表现，它表明在当时的历史条件下必须要有一种新的生产关系来代替它。

在教学中，笔者采用图片及简笔画说明新旧生产工具下的翻地劳动量的变化状况，使学生较好地理解了这一问题。

载于《中国教育教学论文汇编》1997年

"怀疑一切" 真的是马克思说的吗?

今日我阅读了一位网友的《刘良华谈 "学术精神"》一文，产生了一个疑问，当然实际上这个疑问很早前就产生了。今日我将这一疑问写在了网友的评论栏中，不仅是向作者请教，也是向所有网友请教。

先生之文真是好文，很受益！文中谈到了 "怀疑一切" 的问题，我顺便想请教一个问题。"怀疑一切" 据说是马克思说的，当然严格说，是马克思的朋友说这是马克思说的，马克思本人写的著作中好像找不到这句话。我始终怀疑，这句话是不是真的为马克思所说？因为根据我个人的学术研究体会，怀疑任何东西都必须有一个科学的立足点，没有科学立足点的 "怀疑" 是无法分辨是非的。不知先生思考过这个问题没有？请教！

"怀疑一切" 真的是马克思说的吗？或者这句话还有什么前提条件？谁能给予指教？非常感谢！

2009年11月11日

村务公开

笛卡尔强调科学的目的在于造福人类，使人成为自然界的主人和统治者。他反对经院哲学和神学，提出怀疑一切的 "系统怀疑的方法"。但他还提出了 "我思故我在" 的原则，强调不能怀疑以思维为其属性的独立的精神实体的存在。笛卡尔还企图证明无限实体，即上帝的存在。

2013年8月12日

人的本性是自私与为公的对立统一

——答网友

这是笔者对一位好友"人的本性是自私的"观点的回答，列出来供参读。

牛湘坤（2009-11-30 02:30:49）：

趄塲你好！你的诗词及散文功底非常好，但你也热爱作评论或作分析，这我还不知道。我略说点意见，供你参考。

我个人认为，分析性文章的难度要大于诗词和散文。要想写出好的分析文，必须有一定的哲学功底。当然，不要看到我这样说，就不写了。因为每个人都有一个过程，不写就永远达不到好水平。

我举你所说之例：人的本性是自私的吗？如果擅长哲学，他的观点就会是：人的本性是自私与为公的对立统一。人既具有自私的一面，又具有为公的一面。历史上的人如果真的全自私，只顾自己不顾别人、不顾社会，人类社会早就灭亡了。按照哲学观点，一切都在变。人的本性也会变。一般说来，在落后社会里，人的"私"的一面突出，我不多说了。附一篇"善恶"的文章给你。

人的本性本是善恶的对立统一

行知学校高二（9）班　蔡赐碧

古人云："人之初，性本善。"这句话是千百年来流传下来的，似乎是让人无法质疑的。但是外国曾经有位学者提出："人之初，性本恶。"看到这句话，我们就会产生疑问：他们的话，会是谁对？我们是该否定"人之初，性本善"，还是应该否定"人之初，性本恶"呢？

其实，世界上的每一件事都是具有两面性的……

前者与后者，都不能全然否定。我认为，它们实际上是对立统一的。

人是善良的，但同时也是"恶"的。两者的统一，构成了现实的人。一般说来，越是在文明社会，人的善的一面越突出。越是在野蛮社会，人的恶的一面越是突出。在未来的大同社会里，我相信，人性善良的一面非常突出，恶的一面将受到抑制。人们完全处在一种友好互助的良好环境中。

当然，在一定的时代，个人本身的修养同样重要。例如在我们目前的中国，修养好者，善的一面突出；修养差者，恶的一面突出。……

人性的"善"与人性的"恶"是对立统一的。看问题时，我们不应该过于片面。

牛湘坤（2009-11-30 02:46:17）：

以上看法毕竟仅是一家之言。仅作为朋友的不同意见供你参考。上面那个学生的观点不知你是否觉得有道理？

如何进行社会调查

——实习班指导会上的发言

今天我着重就如何进行调查及如何将调查总结成文谈一点点看法。

第一，要注意观察、勤记。这个道理很多同学都明白。可以这样说，一个会写文章的人凭借自己的知识、经验和想象，再加上一点道听途说，也可以写出一篇长安商场的调查报告来。以作文的规则衡量，也有论点论据，甚至在考试中还可以获高分。然而，这样的调查报告在实际中却没有一点用。根据这些虚构的调查报告所作出的任何建议、计划、方法都不过是一纸空文。

因此，同学们的任何想法都要从实际中来。这就要求仔细观察、勤于记录。任何奇妙的想法都要从你的观察、记录中来。

另外，有些一时记不住的东西如数据等可以记录，有些形象化的东西可不做记录，但事后最好能回忆回忆。

第二，要多思考、多联想。前面我们说到，凭空想象是不可取的，但是有根据的想象、联想却是合理的，而且是必要的。可以说，在所调查的材料大致相同的情况下，调查报告或论文写得好不好，取决于想象能力，或者说取决于思维或打腹稿的能力。我们很多同学在一些地方实习过，也在深圳搞过一些调查，但最后写调查报告，却感到写不出，最关键的问题就是不会联想。因此，我以为，大家在北京进行了实习和调查以后，有时在晚上最好能找一个安静的地方，看一看自己的调查记录，想一想所调查的内容。

有人说："人才在教室里培养，天才在孤独中自我成长。"这话可能有点片面，但它说明了一个人在安静地方进行思考的重要性。

第三，密切注意一些反常的事。很多的奇妙想法常常由一些反常的事引起。一些奇怪的事最容易引起人的丰富联想。例如，北京的商品与深圳的商品相比，哪里的价格高？我们可能会想，北京可能便宜得多，因为北京是首都嘛。但在实际中却可能发现，北京一些商品的价格远比深圳要贵，这里有什么奇特的原因？它会给人什么样的启发？从反常事中所产生的联想常常具有奇妙的创造性。因此对一些反常的事要特别注意，并有意联想。

以后我还可以拿些范文给大家看看，但不要把范文当法宝。范文可以起某些提示作用。但关于赛特商场和长安商场的调查报告世界上绝对没有。只有依靠你个人的辛勤调查和独立思维才能作出好的科研成果。

写于1999年

学术讨论中不是任何概念都需要确切的文字定义

一些人讨论哲学问题时常说，哲学本身连个基本的定义都没有作出来，或者说现在的哲学定义五花八门，还把哲学称为什么科学！

其实不然，很多的概念其实是没有必要去追求确切的文字定义的。就我个人的体会看，至少下列两种情形下没有必要追求确切的文字定义：

（1）常用的、心照不宣的概念没有必要追求确切的文字定义。

（2）传统的不易产生歧义的、意思大致相近的概念没有必要追求确切定义。

举实例来说吧，我个人写作文已30多年了，或者说，30多年前就开始在公开刊物上发表文章。但说实话，我从作文书中都没有看到过统一的、权威的关于作文的文字定义，但是这并不影响我个人的写作，也不影响我和别人讨论作文或写作问题。

哲学也是一样，很多哲学家或哲学学者给哲学下的定义都不同，但这并不影响他们之间的相互讨论，也不影响哲学学科的建立。

其实，很多学科也没有确切的文字定义。就说"科学"这个概念吧，人们下的定义也是五花八门，难道科学就不科学吗？难道科学就不存在吗？难道人们就不建立科学了吗？

生活中的很多概念也是一样，在大家心知肚明的情况下去下定义反而是累赘。例如，在我讨论"语言表达"时就没有必要给语言表达下文字定义，因为大家都知道"语言表达"，如果我去下定义不仅多余累赘，而且也太小看读者的理解力了。

那么在什么情况下要下确切的定义呢？我认为：

（1）作者在论述某个别人不知道的，尤其是自己创造的新概念时必须下确切的定义。例如我个人在20年前讨论"语言表达"时，提出了"二级语言表达"的新概念（见笔者之文《略谈中小学作文写作的几个问题》，《中学语文教学》1996年第12期），毫无疑问，人们显然没听说过，这时我就必须给"二级语言表达"下定义了，否则就无法讨论问题。

《资本论》中的很多新概念也是这样，当然在当时是新概念，现在基本上变成了常识。

（2）对于容易产生歧义的老概念，或者作者本人赋予了新意义的老概念，则必须下确切的定义。这里最突出的样本毫无疑问还是《资本论》。例如，商品、价值、价格等概念在当时并不是新概念新名词，但马克思发现了这些事物的新内容，为了避免与其他经济学产生歧义、误解，马克思重新作了新的文字定义。

这样的例子还很多，所以并不是非要弄清某个概念的文字定义才能讨论问题。

以上仅为我个人的体会，也许还得细思考。

2017年6月12日

诗

词

忆江南·黄山险

一

黄山险，

最数天都峰①，

峭壁悬崖如剑竿。

英雄好汉乐攀登，

壮气白云中。

二

黄山险，

醉步取莲花②，

笑傲天云临脚下。

朦胧仙境拄青丫，

烟海驾风划。

---

① 天都峰，据说是黄山第一高峰，但据现代科学测量，为黄山第二峰。

② 莲花：指莲花峰，是黄山第一高峰。

三

黄山险，

应蹑小心坡①，

失足灵猿难有命。

雄狮岂惧阻拦多，

前头唱凯歌。

写于1987年

---

① 小心坡：地名，是黄山一险坡。

学填词

三十五六年前，初学写作，笔者试填了一些词。当然，"为填新词强说愁"在当时是无法避免的。

2020年10月9日星期五

荷叶杯·咏画中女

梦后楼头泪溅，

深夜。

敛袖抚心伤。

西风飒飒露栏杆，

寒透紫罗裳。

去年晚秋残月，

相别。

海棠又零花。

孤灯瘦影映窗纱，

魂断绕天涯。

写于1984年

临江仙·观牛郎织女星

半倚栏杆观织女，

银河浪锁牛郎。

枉悬明镜照天寰。

有情难眷属，

相思痛心肝。

仙女犹怀离别恨，

辛酸多少人间？

临空把酒酹苍茫。

寂然寒露里，

独饮五更残。

写于1985年

木屋戏语

　　2018年1月6日，我的经济学同学程建村邀请一些老同学到清远郊外旅游景区住小木屋，我戏写了五绝诗一首。

<blockquote>
窗外雨绵绵，

冷气袭床边。

多年没受罪，

又回解放前。
</blockquote>

2018年1月6日

雨中游日月潭

湖中岛，

岛中湖。

涵碧楼①前卧龙珠②。

烟雨半掩面，

人间仙境有还无？

注：2016年8月16日赴台游日月潭，碰巧遇上大雨，写下短诗。日月潭是台湾岛中的湖泊，而该湖泊中又有岛，故曰"湖中岛，岛中湖"。

2016年8月16日

---

① 涵碧楼：楼名，据说蒋介石曾住此楼。
② 龙珠：湖中岛的大石头名。

微信群早晨问好

刚刚建立微信群不久，上微信群聊天的兴致颇为浓厚。起床第一件事就是问好。

昨晚又熬夜，

今早起得迟。

醒来先问好，

窗外鸟吱吱。

2016年

其他

"教授"主要应依"学识"而评定

最近在光明网上看到一些关于晏才宏老师的优秀事迹，非常感动。这种一心扑在教育教学上而教学又深受学生欣赏的老师实在是我们现代教师学习的楷模。然而，在感动之余，一些人为晏老师缺乏论文而没有评上教授大鸣不平，甚至认为职称评定制度的不合理导致了晏老师的终身遗憾。窃以为这不是科学的态度。

教授依据什么条件而评定？笔者认为，虽然条件很多，但最主要的是"学识"。所谓学识主要是指科学知识与科学见解的综合。而科学见解可以说是学识中的根本因素。如果一个人的科学知识非常广泛，但在科学问题上没有自己的独立见解，我们就只能说这个人"知识渊博"，而不能说他的"学识"高。因为学识高者常常要对科学问题有自己的独立见解。如果自己的独立见解正确，确实反映了某些事物的客观规律，我们就说他是科学家，至少是科学素养极高的人。

然而，一个人的学识如何反映？我们认为，在现有条件下主要靠论文。因为人们只有通过论文才能了解他的科学思想。晏老师的课上得非常好，但好在哪里？他为什么要这样上？不这样上行吗？他的科学依据是什么？我们不知道，想学也无法学。根据笔者20多年的教学经验，受学生欢迎的课并非都科学。甚至充满神秘、"天机不可泄"的课也很逗人喜欢。当然，我个人承认晏老师的课一定上得很好，但他可能只是一位知识渊博、品德高尚、教学技能高超的教师，但未必有"学识"。知识渊博、品德高尚、技能高超的教师可以成为最优秀的教师，但未必成为教育家，因为教育家是必须有学识的。学识不高的教师无论多么优秀，都不能称为教育家，或教育科学家。

　　另外，无论一名优秀教师的课上得多么好，在课堂教学中都与教育家有区别。举例来说，笔者曾经听过一次省级哲学观摩课。授课老师对哲学知识的了解、教学技巧的娴熟、教学方式的多样，真是无法挑剔（当然是按传统"一言堂"标准衡量）。然而非常遗憾的是，她用杜牧的《阿房宫赋》最后的一段议论来解说哲学上的内因与外因。而杜牧的议论恰巧表明杜牧虽然是一位伟大的文学家，却不是哲学家。因为他的议论充满了历史唯心论的思想。杜牧认为：只要皇帝爱民，封建朝代就可以永远地存在下去。而了解唯物史观的人当然知道，这是不可能的。我想，一位哲学教育家，不管他的课上得如何糟（实际上也不会糟），他也不会用唯心主义思想来解释唯物论。这大概就是教育家或学识高者与优秀教师的区别。

　　优秀教师的教学技能是可以学的，可以推广的，但教育家或学识高者的思想认识却很难学。这除了加强自己个人的修养，提高自己的思想境界之外，好像没有别的更好的途径。

　　当然，不写论文而学识高者也大有人在。例如，诸葛亮无疑是一位"学识"高的伟大的军事家。他几乎每战必胜的事实表明，他一定有自己独到的军事思想。但他没有把自己的"学识"表现出来，没有把他的军事思想写出来留给社会，留给后人，因而他就只能是一位军事家，而不能说他是一位军事科学家，或军事理论家。而毛泽东则不同，毛泽东不仅几乎每战必胜，而且把自己的军事思想、战略战术思想以高度抽象的方式总结成了理论。他的"集中优势兵力，各个击破"等一系列思想具有人民战争的普适性。

　　因此，如果把教授当作一个神圣的"学识"职称的话，诸葛亮可以被评为元帅、军事家，但不能评为军事教授、军事科学家。而毛泽东当之无愧！

　　晏老师也可能是一位学识极高的实践型教师（像诸葛亮一样），但他没有把自己的学识、自己的教育思想表现出来。

　　当然，在现实生活中也有一类很会"写"论文却并没有真学识的人，他们甚至还可能鱼龙混杂评上教授。那么这类论文主要是靠抄袭式、模仿式、平庸式等方式写成的。虽然这种论文中较好的文章对社会也有一定的作用，但谈不上"学识高"。笔者自己的大学毕业论文就是用20多篇文章的内容拼凑而成的（因为那时不懂什么是论文），根本没有自己的见解，更谈不上科学见解了。

可能一些低水平之作也使得某些人评上了教授，但这只能说是各种各样的原因使得职称评定把关不严，而不能将此作为晏老师评教授的依据。

当然，如果大家都把"教授"仅仅看作是一种工资级别、行政级别、学历级别、资历级别或教学技能的展示，而不是当作学识的标志，那就另当别论了。

注：此文写于2005年5月7日星期六，写完后即通过网络邮箱投于光明网，并刊于该网站上。不过，该网站采用了此文后，并没有通知我本人。三年后我在光明网上无意中发现了此文。

论人口素质

此文载于《人口学刊》1989年第3期，是笔者在湖南省委党校任教时，所写的一篇较专业的人口学理论质疑文章，主要是质疑当时的大学人口学教材。湖南财经学院的研究生老拿着这篇文章与老师辩驳。对人口学不感兴趣的人当然没必要看此文。

批判性质疑文章在人的思维中具有极为重要的地位，它是产生哲学思维的前奏或基础，是发现新事物、新定律、新规律的先兆。每一次的质疑，不管其是否正确（当然正确更好），对哲学思维的理解和应用都有巨大的推进作用。此文对笔者的批判性思维水平的提高起了很大的作用，为笔者后来质疑"写作理论"及发现"文字与思维不同步"现象帮了大忙。

当然，文章发表以后，我还是感到文中所讨论的问题很复杂。本想继续研究，但后来由于工作的调动，就没有继续了。

2020年10月7日星期三

本文试对人口素质的定义、内容、范畴和社会属性的标志、发展趋势、思想道德及提高人口素质的途径谈谈自己的看法。

人口素质的定义、内容与范畴

我们赞同理论界大多数人给人口素质下的定义，即人口素质是人类适应客观环境和改造客观环境的能力，或人口素质是人本身具有的认识、改造世界的条件或能力。但是，有的人在下这个定义时，将人口素质划分为广义与狭义。狭义，只包括人的体力与智力；广义，除此之外还包括思想道德。[①]我们认为这种做法是不可取的。

人口素质的内容，我们认为只包括人的身体素质与文化素质。把思想道德作为人口素质的内容会带来混乱。对此我们将在后面涉及。在这里，我们的规定与有的人将人口素质划分为体力与智力的做法从表面看，内容相同，但实质却不相同。例如，《人口素质概论》[②]也是这样划分的。但我认为，该书在人口素质范畴、社会属性体现标志、社会发展趋势等一系列问题上论述是不科学的，有的问题至少是不明确的。对此，我们在后面的分析中将逐步涉及。

关于人口素质的范畴。我们认为，人口素质是永恒范畴与历史范畴的对立统一。从自然属性来看，人口素质是任何社会所共有的现象，只要有人类，就有人口素质。从这一方面说，人口素质是永恒的范畴。但是，"自然界的人口素质只有对社会的人说来才是存在的"[③]。人口素质要受到社会生产方式的制约。不同的社会，人口素质又具有质的不同。从这一方面说，人口素质又是历史的范畴。人口素质的永恒范畴与历史范畴的对立统一，是由人口素质的自然性和社会性的二重属性决定的。很多人认为，人口素质仅是历史的范畴，这是片面的观点。我们不否认人口素质的社会属性是人口素质的本质反映，但这并不能说明人口素质就因此而丧失了它的自然属性。《人口

① 杨成钢：《关于人口素质的几个理论问题》，载于《论人口素质论文集》第112页。

② 陈剑：《人口素质概论》。

③ 《马克思思格斯全集》第42卷第122页。

素质概论》对此所作的论述比较模糊，一方面，我们隐约地感到作者认为人口素质是永恒的范畴；另一方面，作者又没有明确表示。不过，即使作者明确表态，观点也是片面的。至于人口素质是不是历史的范畴，隐约中只能感到作者持否定态度，但作者避而不谈。可见，尽管在人口素质内容上，我们的规定与该书一致，但观点不同。

人口素质社会属性的标志

我们认为，理想是人口素质社会属性的根本标志。人口素质的根本标志就体现在人口素质提高的社会动因上。不同社会的人口素质具有不同的动因。虽然在同一个社会，人口素质提高的动因也各种各样、纷繁复杂，但是，却有一个占主导地位的，那就是社会动因。社会动因是由生产方式决定的，并与之相适应。在资本主义条件下，当大资本家、做人上人等，是资本主义社会占主导地位的、促使人口素质提高的社会动因，这个动因是由资本主义生产方式决定的，并与之相适应。在社会主义条件下，建设祖国、一心为公、为社会主义事业奋斗等，是社会主义条件下人口素质提高的占主导地位的社会动因。这个动因也是由该社会生产方式决定的，并最能与该生产方式相适应。因此，我们可以用一句话来概括：由生产方式决定并与之相适应的上层建筑意识形态的内容之一——理想，是人口素质得以提高的最本质的社会动因。这个社会动因就是人口素质社会属性的根本标志。

很多人认为，人口素质的社会属性体现在人口素质的内容之一——思想道德上。姑且将思想道德与人口素质具有质的不同抛开不论，就人口素质来说，它本身的内容根本不能表明它本身的社会属性。一种事物的社会属性只能在它本身以外的东西上体现。就好比生产，无论我们怎样去研究它的内容，观察它的过程和它的几个环节，都无法辨明它的社会属性。因为生产内容，即生产过程、生产环节是每一个社会生产都共有的现象。只有找到生产本身以外的东西——生产动因、生产目的，才能辨别出它的社会属性。如果为获取剩余价值而生产，这毫无疑问就是资本主义生产。如果为全体人民的利益而生产，这毫无疑问就是社会主义、共产主义的生产。

《人口素质概论》也犯了同样的错误。尽管该书对人口素质的内容规定得准确无误，但该书也是从人口素质的内容之一——智力本身去寻找社会属性的标志的。这当然找不到。

人口素质的社会发展趋势

我们认为，人口素质总的来说具有不断提高的趋势。但是，这并不否认一定社会、一定国家、一定地区和一定时期内，人口素质的相对降低，甚至绝对降低。

人口素质的发展趋势要受到生产方式的制约。由于社会生产力总是不断发展的，因而随着生产力发展而提高的人口素质也在不断提高。但是，如果生产关系与生产力不相适应，阻碍生产力的发展，那么，受生产力影响的人口素质的提高也会受到阻碍。如果生产力的发展不充分，人口素质的发展也不会充分。这时的人口素质就会出现相对降低的现象，即不能得到充分提高。如果生产力受到严重的破坏，人口素质的发展也会受到严重的破坏，这时的人口素质就会出现绝对降低的现象。马克思曾在《资本论》中以大量事实证明，由于资本主义的生产关系破坏了生产力的发展，工人阶级（人口）的身体素质和文化素质不断下降。马克思明确指出："不管工人的报酬高低如何，工人的状况必然随着资本的积累而日趋恶化。"马克思还预料到：在规模越来越大的现代化生产中，工人阶级的素质，尤其是文化素质也会提高，甚至迅速提高，但是这并不是说，降低工人阶级素质的因素就已被消除。归根结底，人口素质的发展趋势是由社会的生产方式决定的。

《人口素质概论》虽然在人口素质的规定上有独到之处，但是，该书把人口素质发展趋势归结为"人口素质不断提高规律"。这显然是错误的。因为这个规律只是抽象的人类自然规律，而不是科学的人类社会规律。这个规律没有考虑社会的因素。科学的表述应该是：人口素质不断提高趋势与人口素质相对降低，甚至绝对降低并存规律，究竟是哪种趋势占主导地位，取决于生产方式。

正因为作者以"人口素质不断提高规律"为基础，从而得出了是社会经济发展，而不是社会生产方式决定人口素质的错误结论。

人口素质的作用

我认为，人口素质对生产力起促进作用。但是，并不否认在一定时期、一定地域、一定国家、一定社会内人口素质对生产力起促进作用并不充分，甚至人口素质的提高还会对生产力起破坏作用。

生产力的不断发展决定了人口素质也会不断提高，而人口素质的不断提高反过来又会不断地促进生产力的发展。如果生产关系阻碍生产力的发展、与生产力不相适应，那么，即使人口素质得到提高，其对生产力的促进作用也不会充分发挥，甚至还会对生产力起破坏作用。马克思在《资本论》中指出，人口素质的提高促进了技术的发展，从而促进了生产力的发展。但马克思同时又以大量的事实说明，人的技术水平的提高又使生产机器遭到破坏，生产力受到严重的创伤。

毫无疑问，生产力受创的结果不是人口素质的提高造成的，而是由于资本主义生产方式的不适应。只有改变该社会的生产方式，人口素质对生产力的促进作用才能得到充分发挥。

在社会主义条件下，人口素质促进生产力的作用能够得到充分的发挥，因为社会主义的先进的生产方式为这种作用奠定了牢固的基础。但是，如果我们因为有了这个基础就不重视调整生产关系，那么，人口素质的作用就不能得到充分发挥，人才就会被浪费。如果不根据生产力的发展来调整生产关系，而是搞不切实际的超前发展，那么，人口素质的提高还会对生产力起严重的破坏作用。

人口素质虽然由生产方式决定，但人口素质对生产方式也具有反作用。人口素质的不断提高并对生产力的促进发展是人口素质发展的总趋势。如果生产方式先进、合理，人口素质的发展会进一步促进该生产方式的巩固和完善。如果生产方式落后、不合理，阻碍人口素质的充分提高，阻碍人口素质对生产力促进作用的充分发挥，那么，人口素质的发展将会促进该生产方式的瓦解。

在当今的西方社会，人口素质以飞跃的速度发展，但是，由于资本主义的生产方式并没有改变，因而可以预料，人口素质的迅猛提高必然会加速资本主义的灭亡。

人口素质包含的思想道德内容所带来的危害

我们认为，思想道德作为人口素质的内容，会带来极大的危害。

第一，使我们既看不清人口素质的自然属性，又看不清人口素质的社会属性，由于思想道德本身就带有浓厚的社会色彩，至少在我国目前的理论中是这样。因此，包括思想道德在内的人口素质本身也带有浓厚的社会色彩。于是，人口素质本身的自然属性丧失了，至少丧失了一半。目前，很多人片面地认为，人口素质仅是历史的范畴，原因就在这里。另外，也正是由于人口素质带有浓厚的社会色彩，因而很容易使人们把这种社会色彩当作社会属性的标志，使人们很难认识到人口素质社会属性的标志主要体现在人口素质得以提高的社会动因上，而不是其内容上。

第二，使我们无法看清人口素质的本质。由于思想道德被作为人口素质的内容，从而一开始就使我们认为资本主义的人口素质是一种具有腐朽思想道德的人口素质。甚至还会使我们认为该社会的人口素质注定将被一种新的人口素质所代替，是由于资本主义人口素质的腐朽造成的，而不能使我们真正认识到，该社会的人口素质之所以只有短暂的寿命，根源在于资本主义生产方式。

第三，使我们看不清人口素质的发展趋势。经济水平的提高与社会的更替都决定了人口素质不断提高是人口素质发展的总趋势。但思想道德也随着社会的更替越来越先进。这样就很容易使我们将人口素质总趋势当作唯一趋势，以总趋势代替一定社会、一定国家、一定时期的社会趋势。这不仅使我们看不到资本主义与社会主义人口素质的发展趋势，也使我们看不到社会主义生产方式完善与否对人口素质的促进与限制的作用。

第四，思想道德作为人口素质的内容还会使我国人口理论陷入一种唯心的诡辩中，与马克思主义唯物辩证法根本对立。社会主义生产方式的先进，决定了思想道德的先进，从而使我们很容易得出我国人口素质高于西方发达国家的结论。而人口素质的指标又清楚地告诉我们，我国人口素质低于西方发达国家。于是，我国人口素质既高于西方又低于西方的自相矛盾的理论变成了我国的人口素质理论，并且被当作马克思主义"既肯定又否定的全面看问题"的唯物辩证法。事实上，这种"既肯定又否定"的辩证法根本不是马克思主义唯物辩证法，相反，正是被马克思批判过的一种既不肯定又不否定的诡辩论。这种方法根本没有表明对事物的判断。

资本主义的人口素质之所以要被否定，原因就在于该社会的人口素质不能得到充分提高，甚至会绝对降低。正是这种状况决定了该社会的人口素质不会长寿。但这并不是该社会的人口素质具有腐朽的内容造成的。事实上，马克思在分析资本主义社会的工人阶级人口素质不断降低时，从来就没有指责过人口素质，而是指责该社会的生产方式。

另外，思想道德与人口素质不仅在量上的变化不一致，而且也存在着质的区别。它们之间根本不是隶属关系。限于篇幅，我只能在《人口素质与思想道德》一文中结合马克思恩格斯的有关论述及两者隶属关系的逻辑错误等来分析两者的关系。

实际上，思想道德不仅不隶属于人口素质，而且其自身也有独特、完整的规律，完全有资格在人口学中成为一个独立的篇章。对此，我将在《论人的思想道德》一文中进行分析。

提高我国人口素质的重要途径

提高我国人口素质的重要途径应从两方面进行：一是为人口素质的提高创造条件，二是为人口素质作用的发挥创造条件。

要创造这样的条件，首先就要进一步完善经济体制改革，寻求并力争解决阻碍体制完善的各种因素，使之以最佳（至少是较佳）的状况适应生产力的发展，为人口素质的提高创造坚实的物质基础。同时，逐步完善政治体制的配套改革，这不仅是经济体制改革的要求，也是人口素质的作用得以充分发挥的重要条件。如果政治体制刻板、效率低下，即使人口素质有所提高，也不能充分发挥作用。浪费人才、浪费知识的现象仍将继续存在。这实际上等于人口素质的变相降低或相对降低。

另外，必须充分重视上层建筑、意识形态的作用，大力宣扬和提倡社会主义理想。因为这是我国人口素质提高的最重要的动因，同时也是使人口素质适应我国生产方式的根本手段。如果忽视这一点，那么，即使人口素质提高了，也不能适应我国的社会状况。尤其是在目前搞活、改革开放的过程中，人们求知的动因处于一种较混乱的状况，如不及早重视，即使人口素质提高了，仍然会对我国生产力的发展起阻碍甚至是破坏的作用，这实际上无异于人口素质的绝对降低。

在大力宣扬和提倡社会主义理想的过程中，要充分发挥教育部门的作用，因为教育部门是提高人口素质的第一战线。

除上述之外，其他有利于生产力发展的各种因素同样有利于提高人口素质。如控制人口数量、优生优育等等，都会促进人口素质的提高。只要我们充分重视、积极行动，为人口素质的发展创造条件，我国人口素质的提高将会出现乐观的局面。这是社会主义人口素质发展趋势告诉我们的道理。

载于《人口学刊》1989年第3期

我国封建社会的赋税对人口变动的影响

此文载于《南方人口》1990年第4期，采用的写作方法是"简单腹稿思维形式"。此形式在《略谈作文腹稿的三种形式》（《中学语文教学》1997年第9期）一文中的第一部分作了简单介绍。此形式通俗地说，就是没怎么打腹稿。首先花了整整三天的时间寻找资料和数据，并记录下来。第四天将资料和数据根据不同的内容进行排列，然后用语言或文字将各种资料及数据串联起来，形成了此文。

"赋税是政府机器的经济基础。"[1]封建社会的赋税是封建统治者残酷剥削劳动人民、维持其封建统治的重要工具。如果从人口学的角度来说，赋税与人口的变动存在着极为密切的关系。

一、赋税影响人口的自然变动

纵观整个封建社会的历史，从西周奴隶社会的瓦解开始，到清康熙五十一年"摊丁入亩"为止，人口增长极其缓慢。在近2800年的历史过程中，人口总数增长4～5倍，平均每年增加2万多人。而从清康熙五十一年以后

---

① 《马克思恩格斯选集》第三卷第22页。

到道光十四年，111年内人口增长接近4倍，平均每年增加人口约290万。①在长达2800多年的封建社会里，战争连绵不断、经济累遭创伤等一系列因素是人口增长缓慢的主要原因，但赋税制度的变化同样对人口的自然增长起着重要的作用。清朝的"摊丁入亩"取消了整个封建社会遗留下来的人头税，从而使人口增长与赋税征收基本上脱离开来，"滋生人丁，永不加赋"②这是清朝人口迅猛增长的重要原因。

赋税对人口的自然增长也起着重要的作用。每一个朝代建立之初所采用的"轻徭薄赋"政策都在不同的程度上促进了人口的自然增长。唐初"贞观之治"时期，户数增加100万，与武德年间相比，增加户数三分之一。西汉末年，人口总数达5900多万，比战国时期增加两倍以上，这与西汉高祖、文景、昭宣时期的"轻徭薄赋，与民休息"③政策同样有着密切的关系。

为了增加人口，封建统治者也常常有意识地利用赋税这一手段。例如汉高祖就曾采用免役方式鼓励生育，高祖七年（公元前200年）规定："民产子，勿复事二岁"④。而惠帝则采用重税方式促进人口的自然增长，强迫人们结婚生育。如对15—30岁不嫁的女子征收五倍成年人的人头税，"孝惠六年，女子15—30岁不嫁，五算"⑤。

赋税能促进人口的自然增长，同时也能限制人口的自然增长，甚至加速人口的死亡。清康熙以前的人口增长缓慢，其原因之一就是人头税的征收。从一些朝代来看，赋税也能限制人口的自然增长。西汉武帝时曾对三岁以上小孩征纳"口钱"，贫农负担不起，人口自然增长减慢。另外，每一个朝代末期的赋税加重也减缓了人口的增长。西汉末年，"大兴徭役，重增赋

---

① 根据《人口学辞典》第401页《中国古代人口略表》推算，康熙时期只有人丁数，没有人口数。在此，采取估计数的中位数计算。

② 《清朝文献通考》卷19《户口》。

③ 《汉书》卷七《昭帝纪》。

④ 《西汉会要》卷四七。

⑤ 《汉书·惠帝纪》。

敛……百姓财竭力尽……馁死于道，以百万计"[1]。

二、赋税影响人口的迁移变动

赋税对人口的迁移、人口地域的重新分布也有极大的影响。五代后期，以黄河流域为中心的人口分布已经转变为以长江流域为中心。据北宋初年统计，南方人口已经超过北方二倍。这种人口的重新分布，除了与南北方的自然、政治、经济和社会因素有着密切关系以外，历代统治者的赋税制度也同样起着重要的作用。以前的各个朝代，在其政权稳固之后，赋税都有逐渐加重的趋势。而每一次赋税的加重都造成了人口的大量流亡，尤其是向南方荒野之地的逃亡。这在客观上也促进了南北方人口的重新分布。西汉末年苛捐杂税的繁重，使得大量汉人流入湖南地区，跟"蛮族"人民错居杂处。两晋时期，沉重的赋税徭役迫使自耕农大量破产逃亡。

另一方面，南方及其他荒凉之地较轻的赋税也吸引人口流入。很多荒凉地区偏远，封建统治比较薄弱，无力征收赋税。南方一些统治者对于北方南下移民又采取了一些优惠政策，如东晋就采取了免税轻税的南下"侨民"政策。

封建统治者也利用赋税来作为吸引人口、争取人口的重要工具。西汉初年，人口贫乏，于是汉高祖"轻徭薄赋"，以招引流民。文景时期又进一步减税，"除田之租税"[2]，"令田半租"[3]，以吸引流亡人口。

三国时期，曹操统一北方后，也利用赋税手段吸引人口。

在一些封建朝代的"移民垦荒"政策上，赋税更是占有重要的地位。元朝就曾采用延期课税的方式迁徙民户充实西北地区。明朝洪武二十七年（1394年）曾采用免税方式移民垦荒，"新垦田地，不论多寡，俱不起

---

① 《汉书》卷八五《谷永传》。

② 《汉书》卷四《文帝纪》。

③ 《汉书》卷五《景帝纪》。

科"。第二年又将起科时间放宽到六年。第三年又进一步放宽。[①]

封建统治者也利用赋税稳定地区人口。为减少汉武帝末年赋税所引起的人口流亡，汉昭、宣二帝七次颁布了减免田税、口赋及其他杂税的诏令，对受灾地区，则免除当年租赋徭役，宣帝时还下令禁止官吏"擅兴徭役"。

三、赋税影响人口的社会变动

赋税对人口的社会变动也有着重大的影响。首先体现在赋税可以引起社会部门结构的变化上。在我国整个封建社会时期，商业的发展非常迟缓，其中赋税起着极为重要的作用。几乎在每一个朝代，商业税收的过重，甚至有的朝代从一开始就对商业实行重税，从而使商业萎缩或发展停滞。早在战国时期，民间商业就冲破官营商业的藩篱发展起来，但当时的封建政权对私商的税收是很重的，"关市之征，五十取一"[②]。商鞅变法的一项重要内容就是加重关市的商品税，并规定商人的奴仆必须服徭役，而相对减轻农业赋税，迫使商人弃商归农。[③]秦朝时期也对一般商人采取征收重税的措施限制商业。明朝工商业发展到了相当的程度，但"及税额日增，而富商之裹足十六七矣"，迫使商人转向其他行业。[④]可见税收对于农商部门构成比重和变化有着很大的作用。

另一方面，一些封建统治者也利用赋税来鼓励商业、贸易的发展。春秋时期，齐国的管仲就曾采取"通齐国之鱼盐于东莱，使关市讥而不征"[⑤]的政策，以鼓励商业贸易，从而达到"通货积财，富国强兵"[⑥]的目的。

赋税也有利于部门内的行业变动。明太祖鼓励农民种植经济作物的优惠

---

① 《洪武实录》卷二四三。

② 《官子·大匡篇》。

③ 《商鞍书·垦令篇》。

④ 《万历实录》卷三七六。

⑤ 《古今图书集成》《食货典》卷二三一。

⑥ 《国语·齐语》。

赋税政策就促进了种粮人口向其他副业的转移。

赋税对阶级构成的变化也有一定的影响。明中叶出现了雇主和雇工阶级，其中原因之一就是"一条鞭法"改赋役征银的政策，使农业人口脱离土地成为可能。

在封建社会，赋税对人口的变动有着重要的作用，但也被利用来合理地调整人口。因此封建社会赋税对人口的影响在今天仍有借鉴意义。当前，我国存在着人口迅猛增长的严峻问题，也存在着人口分布极不合理等现象。如何利用赋税有效地影响人口增长，促使人口合理流动，促使人口行业结构、社会部门结构等趋于更合理，也是我们当今人口学界值得研究的重要课题。

载于《南方人口》1990年第4期

罗湖区职业教育的定位及发展刍议

此文写于1999年，应该说本质上属于一篇命题文章，是一个比较具体的问题的分析，后载于《深圳市教育优秀论文集》中。当时深圳罗湖区委有撤销职业教育的想法，派人来到我校征求蒋湘宁副校长（现为正校长）的意见，我作为教师代表也参加了会议。蒋校长与我共同认为，不宜撤销职业教育。于是写了此文交到区委。后来罗湖区委采纳了我们的建议，没有撤销职业学校，并进一步加强了职业教育。

事实上，在今天，也许是由于我校领导与老师们多年来的努力，我校名气日盛，生源不足的现象早已消失。

此文似乎附载地告诉我们，会打腹稿、会写说理议论文在工作中也是比较重要的。否则，做了事，不会说理，则可能会使上级部门做出某种错误的决定。

2006年10月22日

本文主要是从深圳罗湖区的实际情况及行知职业技术学校的实践两方面来看职业教育的必要性，并在此基础上提出罗湖区职业教育发展的几点建议。

罗湖区职业教育的定位如何？对其作用如何看待？以及职业教育如何求生存，求发展，关系到未来罗湖区职业教育的前途。我们试从其定位及其发展方面略作一肤浅探讨，权作抛砖引玉。

一、从罗湖区的实际情况看职业教育的定位

罗湖区职业教育有无存在的必要？如何看待该区职业教育的作用？这是决定是否发展罗湖区职业教育的重大问题。我们认为，从罗湖区目前的状况来看，罗湖区的职业教育不仅具备生存的条件，而且有必要加强其发展。

首先，从高考升学状况来看，我国的大学升学率不到10%。罗湖区的大学升学率虽然高于全国平均水平，但也不到15%。而且，虽然我国经济发展速度非常快，每年几乎以8%—12%的高速度发展，但估计20年间也不可能达到普及大学的程度。这意味着，大部分学生，尤其在目前是绝大部分学生不可能进入大学深造。无论他们的成绩如何优秀，无论他们的考试分数多么高，85%左右的学生都只能在高中以后谋求其他职业。这是一个任何良好愿望都不能改变的事实。而我们知道，从辩证法的角度来看，任何一个群体都有上中下，学生当中必然有高考落榜者。那么这些落榜者有没有必要去挤"独木桥"？有没有必要去争取不可能争取到的东西？如果他们能在职校接受专门的训练，到社会中必有他们的长处，这有利于这部分"差生"在社会中的竞争。这也符合党的"全面发展"的教育方针，不放弃任何一个学生。这是职业教育存在的必要性之一。

其次，现代心理学研究表明，很多学生考试成绩不佳，高考分数不高，并不表明这些学生愚蠢。人的能力本来就是由多种因素构成的。一些学生考试分数低，但或许其动手能力、社会交际等能力又非常高。他们的数学分数也许很难提高，但这并不表明他们学不会开汽车。如果让他们"吊死在一棵树上"，拼命去挤那个挤不上去的"独木桥"，这难道不是一种社会人力及资源的浪费吗？

心理学的研究还表明，一个在普通班学习的学生表现了相当好的成绩，而一旦进入到某些"重点班"学习，其成绩还可能下降，他可能会因为自己成绩跟不上而自卑，丧失自信。在现实生活中，有的学生甚至因此而变成

了精神病人的例证也是很容易找到的。其结果是：挤"独木桥"不仅没有成才，不能为社会做贡献，而且变得连自己的生活也很难料理。如果能发展职业学校的教育，发掘这些学生的一技之长，不仅能使他们的自信心有所提高，也使他们能有一技之长而立足社会。这是职业教育存在的又一必要性。

另外，在全国其他一些职业教育成功的地方或学校也可以见到很多有意义的启发，这对我们也有重要的参考价值。

二、从行知学校的实践来看职业教育的定位

行知学校这些年来的职业教育实践也使我们认为，职业教育是有必要存在及发展的。这些年来，行知学校实际上培养了大批的社会有用人才。如果撇开以分数论人才的观念，而以对社会有用的观点来看，行知职业学校的职业教育实际上是很成功的。从近5年的情况看，行知学校毕业生的就业率高达98%以上，为社会各行各业输送了人员。一些单位在学生行将毕业之际即来该校"定购"招人。该校向各类高校包括本科、大专、中专等层次输送的学生近几年来平均每年近百人。

从该校的校风校貌来看，职业教育也起着很多鲜为人知的重大教育作用。我们都知道，罗湖区职业学校的生源在一般人的眼中是可怕的，行知学校也不例外。该校所招收的学生都是人们眼中的所谓"差生"，他们的初中升高中的考试分数都是各学校的最低水平。尤其在一般学校与社会"以分数论英雄""以分数论人才"的不公正的眼光下，这些学生的自尊心受到了严重的打击。在他们进入行知学校之初，他们往往表现出一种"浪荡子风貌"、一种"破罐子破摔"的特征。然而，经过老师们近几个月的亲切教育，以及在高年级学生的榜样下，这些学生中的绝大多数人的心绪很快得以平静。两三年之后，这些学生的精神风貌大为改观。很难使人再想象他们曾是被人们称为"差生"的人。经过"礼仪"教育，很多学生甚至连走路的姿势也发生了重大变化，对老师、对长辈彬彬有礼。一些学生的电脑水平显然

已超过了一般普通高等学校学生的水平，一些老师家中所配电脑就是这些学生安装的。他们创作的美术作品常常被人们误解为专家之作。他们的艺术水平包括舞蹈、乐器、声乐等常常令人叹为观止。更为惊叹的是：学生的自信心发生了重大的变化，他们很多人的那种"无能感""自卑感"经过三年的学习以后已经荡然无存或极度弱化，代之而来的是"有信心""敢于与他人一比高下"的心情。因为他们已经懂得了"人各有其长"的道理，基本理解了"天生我材必有用"的含义。

今天如果到行知学校走一趟，就会感到，该校的校园建设及学生风貌是不会弱于其他学校甚至包括某些重点学校的。

当然，有些人也许会担忧，学生在职业学校学一门艺术或其他技能等就真的有一技之长，从而就能立足于社会吗？我们认为，这种担忧是多余的。因为首先，职业学校的学习与普通中学一样也是以文化课为主，这些课程所占总课程的比例是最大的。只是考虑到这些学生与其他学校学生相比，文化课的成绩分数总是处于不利地位，因而开设其他技能课，以多一门别人不具备的技能来取胜。这应该说是挖掘学生其他潜能，因材施教的教育原则的体现。

至于学生是否能将其技能直接用于社会，我们认为这并不是最紧要的事情。有关部门的统计数字表明，在目前企业工作的大学毕业生中，90%是专业不对口的。然而，大学文凭却给了他们极大的自信。而职业教育的技能学习在这一方面的作用显然是相同的，因而是不可小视的。我们认为，职业教育的最大目的实际上应该是使学生充满自信，相信自己有独特本领，相信自己不比别人差，相信自己有能力做一个对社会有用的人，从而鼓励他们进入社会后有信心继续学习、有信心钻研工作上所遇到的问题等等。

从行知学校的实践来看，我们有理由认为，罗湖区的职业教育不仅是必要的，而且应该加强。

三、罗湖区职业教育发展的几点建议

如果我们让职业教育在罗湖区有一个正确的定位，即正确认识罗湖区进行职业教育的作用，那么我们就应考虑如何使罗湖区的职业教育得以发展。虽然罗湖区在职业教育方面已经有了相当丰富的经验，并取得了较大的成绩，但我们认为对职业教育的工作还应加强。限于我们简陋狭窄的见识，我们在此仅提几个不成熟的想法，以供参考。

1. 与有关的高职院校进行"联通"

想继续学习，想进入高等院校深造，想提高自己个人的素质以适应新世纪的来临，是今天几乎每一个青少年的愿望。这是一种自然的、正常的、完全可以理解的愿望。尤其对生活水平大幅提高，且远高于全国平均生活水平的深圳罗湖区来说，这种愿望表现得尤为强烈。职业学校的学生也不例外。因此，与高等职业院校"联通"，使一部分职校学生有继续深造的机会，不仅是满足他们的愿望，而且使他们有一强烈的"奔头"作为在校学习的动力之一。这一动力在现实生活中的作用实际上是有目共睹的。很多职业教育专家也提出了这一问题。因此，与高职院校"联通"不失为罗湖区职业教育发展的一条途径。最近，罗湖区政府与行知学校联手与西安美院等高校"联通"就是一个好例证。

2. 在招生工作上加强行政指导

升大学、进高校学习几乎是每一个学生的愿望。在我们曾经作过的学生调查中，甚至连文化课仅得十几分的学生也想进高校深造。而且，这不仅是学生本人的愿望，也是学生的任课老师、班主任老师及学生家长的强烈愿望。再加上近些年来的舆论导向的疯狂"炒作"，"大学热"泛滥成灾。谁也不顾及大学名额极为有限这样一个铁的事实，拼命往重点学校挤（若进不了重点学校则往普通学校挤）。于是出现了一个奇怪的现象：重点学校与普通学校人满为患，一个班超过40、50甚至60个学生的现象不足为奇，最佳班级教学规模效益已经出现了严重超负荷的副效用。甚至由于某种经济功利的引导，一些严重超负荷的学校对学生仍然是来者不拒。而另一方面，具有良好设备及良好师资的职业学校却生源不足，甚至连软硬件设备堪称上流的行知学校也出现了生源不足的现象。一方面教育教学严重超负荷，另一方面又极大地浪费教育教学资源。显然，这种教育布局的严重的不合理现象必须通过政府部门的行政指导来加以解决。

当然，有的人也许认为，这是"市场竞争"机制的必然结果。在这里，我们姑且将教育竞争与经济竞争有着本质的不同抛开不论，仅就罗湖区教育竞争来看，形成这种严重的失衡并不是由于职业教育质量不高造成的结果，而是万军挤上"独木桥"的结果，是一种不现实的、非理性的狂热造成的结果。

如果罗湖区的职业学校改成普通中学，生源问题的确可以立刻解决，然而，职业教育的良苦用心就将化为灰烬了。我国教育方针的某些内容也不得不忽视。而且，已经形成规模的罗湖区职业教育在改校过程中还将形成很多教学设备、教材乃至师资的极大浪费。

因此，根据罗湖区的客观实际进行行政干预，支持、推动罗湖区职业教育势在必行。例如，提倡最佳教学班级规模，严格限制乱超负荷，对于一些雄心大，但根本没有可能挤上"独木桥"的学生应做好积极的引导工作，包括做好学生家长的思想工作。在某些情况下，甚至应采取果断的措施。这种于国于己都有利的工作终将会被人们所理解。

3. 将"自信教育"作为职教的重大议题

职业教育虽然也是以文化课为主，并辅之以技能教育，但根据学生的具体实际，我们认为，"自信教育"应作为职业教育的一大主题。并且，这种"自信教育"应该贯穿始终，并渗透到各个科目。无论是班主任老师、文化课老师，还是专业课老师都应该借各种有利时机培养学生的自信。相对于其他学校来说，职业学校的"自信教育"显得尤为重要。罗湖区职业教育也应如此，应进一步将"自信教育"提到日常教学之中。行知学校对"自信教育"是比较重视的，这也是该校学生得以正常成长的重要原因之一。

4. 适当进行"创新教育"

创新教育的内容在目前的分数检测方式中还无法概括进去，也许根本就无法概括或概括不全。但它却是人才成长中的一个极为重要的因素。现代心理学认为，分数或知识与创新并不完全成正比。这就是说，创新教育并非高分学生的专利。职校学生文化课分数虽然偏低，但也不能说他们就不能学习创造性方式方法。我们以为，让职校学生适当学习一点创造性的思维方法，例如用两个月或三个月开设一点有关创造性思维课程，这对拓宽学生眼界、活跃学生思维是有好处的。当然，这一门课程在现阶段可以以学时计分，而不一定用分数检测方式进行。学完多少学时即算合格。以学时计分实际上在西方国家已经存在。至于教材，则可以采用目前最新出版的一些颇有见地的书籍作蓝本。

　　以上仅为我们的一点不成熟之见，不到之处尚请指教。

载于2001年《深圳市教育优秀论文集》

在社会生活中锤炼

——"职业指导活动课"北京之行基本情况汇报

　　行知学校高二年级营销专业4个班的学生结合专业进行的为期20天的职业指导实习——北京实习圆满结束。师生们都感到，这种职业指导实习非常必要，它能使学生增长见识、提高能力，也培养了学生的爱国情怀，增强了学生的社会责任感。

一、学生增长了见识

　　到北京进行职业指导实习，行程千里。一路上须经广东、江西、安徽、山东、河北等省。学生们饱览了祖国的大好河山，聆听了列车播音员对滕王阁的赞美，遥望了九江上方的庐山风云，亲身横跨并领略了长江的宏伟气势，见识了乡村一望无际的农田与乡镇建设。大多数没有出过远门的学生好奇心起，问这问那。用学生们的话说：大开眼界。

　　在北京，学生们深入到了很多商场实习考察。他们到赛特商场、长安商场、燕莎百货、崇光百货、新世界商场、西单购物广场、王府井商业街、国家专利局等地进行了调查。在天安门广场参加了升旗仪式，与首都国旗护卫班相聚一堂。他们走进了清华大学的科学实验楼，呼吸了北京大学校园的清新空气。他们登上了雄伟壮观的长城，留影于遍布红叶的香山。他们惊叹于颐和园的长廊艺术，愤怒于圆明园的残垣遗址。部分学生还在"河南大酒店"亲自尝试了做一名服务员的滋味。

　　一般说来，人的知识的丰富程度与其经历的广泛程度成正比。学生们广阔的见闻、亲身的体验，增长了他们的见识。

二、学生提高了能力

提高学生的多种能力尤其是职业专业能力是这次职业指导活动课的主要目的。北京之行对提高学生能力诸如调查能力、文字表达与报道能力、思维分析能力等都有着重要的作用。

1. 社会调查能力

在对各商场、酒店、专利局的考察中，学生们都作了认真的调查，有时以小组为单位，观看各种商品，向工作人员询问；有时以大集体为单位，由商场领导及商场经营专家进行讲座，并回答学生所提的各种问题。对调查结果，学生都作了详细的笔记。学生对很多内容的调查，区分很细。如对可乐商品的调查，可分为大瓶装、小瓶装、中型装、整装、零装等等。对白酒的调查，品牌繁多，简直像白酒专家。对服装、水果、香烟等的调查也是如此。在实地考察的锻炼中，学生进行社会调查的能力显著提高。

2. 表达、报道能力

现代社会职业交流的一项重要能力是文字表达、语言报道的能力。仅能查看、叙述某些表面现象，已不能完全适应社会的职业需要，还必须具有扎实的语言功底、文字表达能力及具有一定考察事物本质的能力。善作感想，善写报道，是语言文字能力最基本的要求。在实地考察中，老师们非常注重学生这一能力的培养，每个班都有两名老师下班具体指导、部署。学生们也表现出十分好学的兴趣，在整个职业指导实习中，学生共交各种感想、报道近600篇，平均每人5篇多，写得多的达十三四篇。且相当一部分质量好、意义佳，给人启发。

3. 思维分析能力

除了一般性的语言文字表达能力以外，引导学生们的思维进入较深层次，初步培养学生们提出问题、分析问题、解决问题的能力，从而为学生们未来适应现代社会职业的发展也是这次北京实习的主要内容之一。

在学生们做了大量的实地调查、收集了生活中的很多材料之后，老师们以多种形式如启发引导、交谈讲座、个别辅导及示范等方式来牵引学生们对生活表象进行一定深度的综合、解剖与分析。老师们在现场结合实际手把手的辅导及示范激起了学生们很大的兴致，学生们平均写调查报告，或论文、小论文1.8篇，即大部分同学交专业论文2篇。

当然，由于社会生活的复杂性及思维分析理论功底的欠缺，大部分学生的分析论文不尽如人意，但仍有相当一部分学生进步明显，分析问题颇有新意。目前，这部分学生的成果已编辑成册。

总之，从学生们的兴趣及思维分析来看，整体上有很大的提高。其他方面如独立处理问题的能力等也有较大的提高。

三、培养了学生的爱国情怀及良好精神

在北京之行的职业指导实习的各项有意义的活动中，学生们不仅一定程度地提高了职业专业实践能力，而且也激发了学生们普遍的爱国主义热情。

在北京天安门广场的升旗活动中，学生们非常自觉地肃立在国旗周围，凝视着国旗护卫班的战士们缓缓升起国旗。学生们庄严肃静的神情充分表达了他们对祖国象征的崇敬。升旗后，学生们又进入到天安门城楼的护卫班驻地，与护卫班战士们相聚一堂。护卫班肖卫士给学生们讲述了国旗的象征意义、来历，及无数先烈们为捍卫国旗而英勇献身的感人事迹。肖卫士还给学生们讲述了护卫班战士们为维护国家尊严而日夜苦练的艰苦历程。学生们聚精会神地倾听着战士们的声音，受到了最亲切的爱国主义教育。在学生所写的感想中，学生都表达了一种"国旗在心中升起"的爱国情怀。

在登长城的过程中，学生们又体会了中华民族的伟大与智慧。在圆明园遗址前，学生们愤怒万分。中华民族历史上的耻辱深深地刺痛了学生们的心。在学生们的感想作品中，很多学生写道：决不能让历史重演。

在实习过程中，学生们还在艰苦奋斗、吃苦耐劳中受到了锻炼。在两个36小时的长途旅行中，很多学生面色苍白，整晚没睡好觉，就这么坐着挺过

来了。在北京很多商场的参观考察中，学生长距离的步行也走过来了。在吃饭没有规律的情况下，同学们也度过来了。不得不承认，在这次实习中，学生们的确吃了苦，对意志进行了一次有效的磨练。

在实习中，学生们还表现出了很好的互助互爱的友好精神。一个同学病了，很多同学关心他、照顾他。

在很多商场的职业实习与调查中，学生们还学到了很多做人的道理。例如："顾客不是上帝，而是亲人与朋友"的思想，"我前面的人是好人，我后面的人是好人"的人际交往观念等，都对同学们的思想观念产生了重大的影响。在学生们回深圳以后的很多交谈中，都可以看到这种潜移默化的作用。

可以说，北京之行的职业指导活动课也使学生们受到了一次深刻的思想教育。

四、增强了学生的社会责任感

在北京，学生们学到了很多书本上、课堂上学不到的东西。但不得不承认，学生们在与社会实际接触中，也发现了很多社会问题，很多消极的东西。在组织学生们讨论所看到和遇到的问题时，学生们大致归纳了三个方面：

1. 经营问题

虽然北京有很多企业的经营与管理堪称楷模，但仍有很多企业竞争意识、进取意识淡薄，企业人员素质低下，甚至连基本的经营知识也不懂。在调查中，很多学生发现，本来完全可以进行交易的商品，但由于经营人员素质低下，致使交易流产。

2. 环境问题

北京作为我国首都，在整体上说，环境较其他地方为优。尤其在天安门广场、长安街、王府井等所在的城市中心区，卫生与环境相当不错。然而在大部分地区，人们似乎对环境保护并不重视。学生们反映，很多地方垃圾成堆、蚊蝇遍地。出租车司机竟然在长安街上乱抛果皮。这显然与现代化城市环境的要求不相吻合。

3. 观念问题

观念在此实际上也包括经营观念与环保观念。学生们感到，有相当一部分人的观念还停留在20年前。很多先进的观念在这些人身上表现得非常缺乏。这无疑构成了社会改革的巨大阻力。

在讨论对这些问题应如何解决，主要靠谁来解决时，学生们对这些问题的成因进行了初步探讨。大部分学生认为，我们的前辈在新中国成立与建设中作出了巨大的贡献，使国家得到了飞速的发展。未来中国的发展及问题的解决，主要要靠年轻一代的努力。同学们感到自己肩上的担子沉重，表示要刻苦学习，掌握本领，为国出力。

总之，北京的职业指导实习使学生增长了见识，提高了能力，培养了爱国情怀及良好精神，增加了社会责任感。

写于1999年11月

注：本文作为行知学校所编《走向社会，提高能力》学生文集的前言部分。载于《生涯设计——中等学校职业指导的理论与实践》（中国文联出版社2001年版）。

职业指导实验与研究初探

一、实验的基本情况

从1999年3月开始，在广东省总课题组的指导下，我校开始了职业指导研究课题的实验，至今实验已进行了一年多。参加实验的指导组成员共有10人，蒋湘宁副校长担任组长，周道恩主任与上官文主任担任副组长，组员7人。参加实验的班级共有4个，其中高二年级3个班，共98人，高三年级1个班，共49人。参加实验的学生总计147人。

目前，实验的第一、二阶段已结束，正在进行第三阶段的实验。当然，由于实验过程本是一个相互联系的整体，因此，各阶段实验的内容也具有穿插性。

二、实验的主要做法

在实验过程中我们主要做了以下几个方面的工作：

1. 全面开展动员，做好准备工作

为了使实验有效开展，实验组进行了多方的动员。组长蒋湘宁校长对参加实验的老师作了多方面的工作与指导，对各实验班也进行了动员，激发了参加实验的学生们很大的热情和兴趣。为了争取学生家庭的支持，实验组还召开了学生家长会进行动员。多方面人员积极性的调动给整个实验奠定了良好的基础。

2. 进行心理调查，了解基本情况

为了了解学生、学生家长对实验的态度、期望、要求、建议，实验组设计了学生问卷调查表与家长问卷调查表。当从反馈问卷调查表中得知几乎都

支持职业指导实验时，实验组成员们深受鼓舞。

在实验刚开始阶段，实验组即对所有学生进行了四次问卷调查，职业选择调查、性格调查、兴趣调查、综合调查，有关的心理老师并写出了调查问卷基本情况分析报告。这对实验组掌握基本心理状况有着重要的参考价值，对学生了解自己也有着很大的帮助。

同时，在实验班每周还开设了一节心理指导课。

在实验后期，我们又建立了学生心理咨询室，早晚都开放，四名心理老师轮流值班。并设立了电话咨询与热线信箱。由于这方面的工作开始不久，很多内容尚在探索之中。

3. 开设课堂讲座，实施职业指导

在实验班开设职业指导课是实验的重要内容之一。我们每周给实验班开设一堂指导课。教材以"全国教育科学九五规划教育部重点课题《中学职业指导研究与实验》总课题组"编写的《职业指导》为蓝本，适当补充其他有关资料。鼓励各实验教师根据自己个人的特点、长处、专业等灵活加以适当发挥。课堂讲授方式不要求千篇一律。

各实验班的授课着重突出了以下重点：

（1）全国就业形势与深圳就业形势。

（2）认识自我，完善自我，树立正确的职业观。

（3）求职准备与求职的方法技巧。

（4）自我创业与开拓精神的培养。

课堂形式多种多样，生动活泼。有讲座、讨论、班会、表演等等。我校刘春燕老师所上的一堂职业指导礼仪公开课受到了省课题组专家教授们的高度评价，学生们在课堂上模拟了很多实际生活中的状况，如求职时的状况、酒店中的状况、旅馆中的状况、飞机上的状况、行政部门的状况等等。为学生们面对未来实际做了充分的演习与思想和心理上的准备。

4. 走向社会实际，亲身体验生活

除了课堂模拟外，结合课堂理论，带着质疑思想，走向社会，亲身体验

职业实际，是我们对学生进行职业指导的另一种重要的实践方式。在两个多学期的实验中，我们共带学生走向社会12次。参加的学生共达1536人次。参加人数为96.9%。我们先后带学生考察了深圳国贸、万佳、沃尔玛、免税店等商场，带学生参观了深圳市博物馆、证券市场、期货市场，在深圳市人才交流中心进行了详细的调查与询问。带学生到北京赛特商场、长安商场、燕莎百货、崇光百货、新世界商场、西单购物广场、北京郑州大酒店实习，还到国家专利局作调查。这对学生了解职业实际、认识职业要求、提高自身能力都起到了极其重要的作用。

5. 与高职院合作，共同实验研究

为了加强研究力量，取得研究的更佳效果，我校与深圳高职院经商谈后进行合作，共同探讨职业指导实验研究，并计划编写具有深圳地方特色的《职业指导》大纲，以更好地指导职业课程的研究。

三、基本经验与成果

一年多来，我们结合深圳地方特点进行了职业指导教育实验。深圳具有与其他地方不同的某些特色，如：深圳高科技较发达、毗邻香港、与外国交流较多。因此，在实验中，我们结合德育教育、英语及网络知识、实际能力的培养等内容进行职业指导。具体说来，有以下几个方面：

1. 职业指导与心理指导相结合

在职业指导中，我们感到，与心理指导相结合非常必要。我们一方面每周开设一节心理指导课，派专门的心理学教师对学生加以指导，另一方面让学生自测，了解自己的心理特征，如了解自己的性格、自己的爱好、自己的兴趣、自己的能力特长、自己所适合的工作范围。老师并根据学生的自测状况因材施教。很多学生说，心理指导使他们了解了自己，让自己心中有了底。

2. 职业指导与专业课学习相结合

我们从事职业指导实验的三个班是不同的专业，有营销班、美术班、酒店班。在实验中，我们觉得，职业指导只有与专业结合起来，才能产生更大的效率。单纯地为职业指导而指导，往往空洞抽象。在突出专业的基础上进行职业指导，具体生动，效果也好。对于酒店班，我们的指导突出了酒店管理的职业内容，对于营销班，我们突出了商业职业的指导，这种对症下药的指导方法收到了明显的效果。

3. 职业指导与现代求职方式相结合

学会求职是职业指导实验的一个重要内容。职业学校的学生除了一部分可能继续深造外，大部分很快就面临择业的问题。为了使学生有心理准备，将来能从容应对择业的问题，我们除了完成课本要求外，在求职方式上也下了很大的功夫。具体指导下面几个方面：

（1）培养自我推荐的能力。包括制作精美的自我推荐书。

（2）学会网络求职的新方式。

网络求职是最新的一种求职方式，目前尚不普遍。我们让学生练习了如何利用电脑网络求职方式。其中包括学会电脑网络查询信息、电脑网络自荐等具体方法。尤其对深圳人才中心网页的使用作了较详细的介绍与练习。

（3）电话求职。

过去，我校毕业班曾尝试过电话求职的方式。在职业指导中，我们在过去的经验上进一步改进与完善了电话求职方式，使学生在求职方面掌握了多种技能。

4. 职业指导与社会实践相结合

任何一种专业的职业指导都必须与社会实践相结合。脱离开社会实践，职业指导就成了无本之木、无源之水。与实践结合，职业指导就变得有活力、有生命力。我们几个实验班根据其各自特点利用一些恰当的时机走向了社会，甚至到了外地进行实践活动。如酒店班到了郑州，美术班到了黄山，营销班到了北京。学生们都说，社会实践使他们开阔了眼界，增长了见识，提高了能力。

5. 职业指导与培养能力相结合

无论学生学习什么专业，未来从事什么工作，都需要实际能力，至少必须具备一般性的能力。因而在职业指导中，我们非常强调能力的培养，虽然在目前的分数测试中，很多的实际能力尚缺乏完善的考试方法，但这丝毫不能说职业指导就与能力培养无关。从某种意义上说，能力培养比知识学习更重要。在实验中，我们老师都将学生的能力培养放在了一个很重要的位置上。

具体说来，我们突出了下面几个能力的培养工作：

（1）注重德育的养成教育。

虽然德育教育不是职业指导实验的主要任务，但我们认为，将德育教育渗透到职业指导中仍然是必须重视的。很多的教学实践都证明，缺乏良好的品德修养，往往难以最大限度地发挥自身的能力。良好的品德修养往往是潜能得到有效开发的一定前提。

在职业指导实验中，我们的老师总是利用各种机会促进学生良好品行的形成，在讲座课中如此，在其他活动课、实践课上也如此。例如，在北京实习中，老师将实验班学生带到天安门广场参加升旗仪式，并到天安门城楼的护卫班驻地与护卫班战士们互相交流，相聚一堂。让学生们听护卫班肖卫士讲述了很多的感人故事。这实际上让学生们受到了最直接、最亲切的爱国主义教育。在学生们后来所写的感想中，很多学生都表达了一种"国旗在心中升起"的爱国情怀。

1999年四、五月，以美国为首的西方国家借口"人权"问题对南联盟进行了大规模的轰炸，并轰炸了我驻南联盟大使馆。我们实验班老师又及时动员和组织学生密切关注这一事态的发展，观看各电视台的新闻报道，展开声讨北约的集会。很多学生写出的"笔伐"作品充分表露了他们热爱正义、热爱和平、热爱祖国的爱国主义情怀。学校并将这些作品在校栏里展出，很多人阅读之后说：这些作品令人慷慨，催人奋进，爱国之情油然升起。后来学校还将这些作品编成了《维护和平，反对霸权》的学生文集在校内进行交流。

在平时的职业指导中，老师们也非常注重学生们在人际交往中的"理解他人"的教育等等。实验班的精神风貌发生了很大的变化，多次受到校领导的表扬。

（2）注重学生实践能力的培养。

实践能力的范围当然包括很广。在这里，我们的实验着重注意了学生的社会交往能力、访问能力、调查能力、独自处理问题能力的培养。

例如，在深圳国贸商店、万佳商场，老师让学生单个去了解十几种商品的价格、出产地、每日销售量等，学生们了解后的状况令老师非常满意，有的甚至令人吃惊。

在北京，学生们对各商场、酒店、专利局的调查中都做了认真的记录，有时他们以小组为单位，观看各种商品，向工作人员询问；有时以大集体为单位，由商场领导及商场经营专家进行讲座，并回答学生所提的各种问题。学生对很多内容的调查，区分很细。如对可乐商品的调查，可分为大瓶装、小瓶装、中型装、整装、零装等等。对香烟的调查，品牌繁多，简直像香烟专家。对服装、水果等的调查也是如此。在实地考察的锻炼中，学生的潜力得到了充分调动，进行社会调查、与人交往的能力也显著提高。很多学生的自信心也大幅提高，一些学生说，如果不是有职业指导实验课，他们从来没有想到过自己原来有这么大的能力。

职业指导中的社会实践使学生们一定程度地了解了社会，也较好地认识了自己。

（3）注重培养学生的报道、分析能力。

现代社会职业交流的一项重要能力是文字表达、语言报道的能力。仅能查看、叙述某些表面现象，已不能完全适应社会的职业需要，还必须具有扎实的语言功底、文字表达能力及具有一定考察事物本质的能力。善作感想，善写报道，是语言文字能力最基本的要求。在实地考察中，老师们非常注重学生这一能力的培养，学生们也表现出十分好学的兴趣。如在北京职业指导实习中，学生就交了各种感想、报道近600篇，平均每人5篇多，写得多的达十三四篇。且相当一部分质量好、意义佳、给人启发。实习回来后，校栏几乎被他们的报道、感想占满了。

除了一般性的语言文字表达能力以外，引导学生们的思维进入较深层次，初步培养学生们从社会实际中提出问题、分析问题、解决问题的能力，从而为学生们未来适应现代社会职业的发展也是我们职业指导中所做的重要工作之一。

在学生们作了大量的实地调查、收集了生活中的很多材料之后，老师们以多种形式如启发引导、交谈讲座、个别辅导及示范等方式来牵引学生们对生活表象进行一定深度的综合、解剖与分析。老师们每次都在现场结合实际手把手的辅导及示范激起了学生们很大的兴致，一年来，学生们结合社会实践所写调查报告，或分析论文平均4篇。

当然，由于社会生活的复杂性及思维分析理论功底的欠缺，大部分学生的分析论文尚不尽如人意，但仍有相当一部分学生进步明显，分析问题颇有新意。我们后来编辑的《走向社会，提高能力》的学生论文集就表现出了一部分学生的分析水平，该文集在广东省职业指导实验研讨会上展出时，受到与会学者们的一致好评。

为了适应深圳与外交流频繁的需要，我们还开设了生活交际英语与电脑英语。

职业指导实验对提高学生们的实际能力有着重大的帮助。

今年我校第一阶段实验报告《加强职业指导，全面推进素质教育》在广东省举行的"中等职业学校职业指导研究与实验交流大会"上获省一等奖。

四、存在的问题

尽管在职业指导实验中，学生们感到有很大的收获，但在实验进行过程中，我们仍然发现，还是有不少的问题出现。这主要有以下几点：

1. 职业指导与知识学习的关系处理上的某些矛盾

在职校，很多学生期望未来能进高职院继续深造，而不是毕业后就去择职。而高职院的选拔方式与传统的高考方式基本相同，即主要以书本知识的复现检测为主，因而职校与普通中学也存在一个相同的应试教育的问题。而职业指导的内容如职业生涯设计、能力的培养等在考试试卷中难以体现，这使得老师与学生都不得不担忧：职业指导课程是否会"浪费"背书、做习题的时间。以某些时间参加社会活动，从事社会调查和分析对于提高学生实际能力固然有帮助，但对升学的帮助却意义不大。在目前社会仍主要以分数定优劣的情况下，老师与学生如何正确处理好应考书本知识与职业指导课程的相互关系？这恐怕仍然是值得研究的问题。

2. 一些人把职业指导教育看作是可有可无的课程

正是由于职业指导与升学考试尚无直接关联，一些人仍然难以转变传统观念，将职业指导看作是可有可无的课程，对职业指导课并不看重，也难于给予支持。这给职业指导课的开设也带来了相应的困难。

3. 资料收集与设备等也存在一些困难

由于职业指导是一门新的课程，很多有关的资料也相应缺乏。老师们感到寻找有关资料相当困难，寻找某些设备也较困难，等等。

总之，尽管职业指导课存在着这样那样的困难，但作为一门新型课程，它能带给学生们很大的收获与教益，对他们的实际成长有很大的帮助。因此，我们认为，在学生中以适当时间开设职业指导课是有益的。

载于2000年《全国职业指导优秀论文集》

注：在"全国中学职业指导实验"研讨会上获二等奖。

女娲轩辕（2009-10-25 12:32）：

好文章！

牛湘坤回复女娲轩辕（2009-10-26 21:17）：

先生对教育也很有研究，不过此文并非我满意的作品。见笑了！

认识自我，完善自我

——职业毕业班学法指导

此文是在高三学生行将毕业之际，学校教研室委托我做的一个发言，目的主要是鼓励或激励学生。文章内容其实也是我以前研究成果的部分内容。

2020年10月10日

当我们说"我们应好好认识自我"的时候，一些同学可能会觉得好笑，他可能会想，难道我对自己还不了解吗？还用得着别人来说吗？其实，我们很多人对自己并不了解，或者说，很多人对自己也只了解一点"皮毛"。下面先看幻灯片中的一篇文章。我们在一次随机抽样调查中用录音机录下了一名三岁半小孩的口述短文。来看看从中能得到什么启示。

烟花节看烟花（摘录）

昨天烟花节到了，我和妈妈在楼顶上看烟花。

烟花很漂亮，有的像蘑菇，有的像白菜，红白菜变成绿白菜了。它们老是悬在天上，没有掉下去。

我看了那个圈圈的花很漂亮，那个烟花一闪开就变成花了。一束束的花冲上去，又落下来了。

我站在楼顶上叫了起来……

烟花节我看到了很多的五颜六色的花。

从上文我们可以看到，三岁半小孩的无意口述就已经表现出了思维的连贯性、层次性与一定的完整性。因此，我们完全有理由得出这样一个结论：人在三四岁的时候就已经具备了很强的逻辑思维能力。

然而在今天却常听到一些同学说："我这个人真的很笨，什么都学不会，什么都办不好。"那么我想问问：你对自己真的很了解吗？难道你真的比不上三四岁的小孩吗？所以，我应该说，很多人实际上并不了解自己。我们必须好好认识自己。尤其在未来的工作中，很多的事情本来可以干好，但由于不能正确地认识自己而错过了极好的时机。

那么，在未来的工作中应该认识自己的哪些内容呢？我认为，下面三个问题是我们必须知道的。

1. 自己"天生"就具有自然操作能力

自然操作能力就是指随着身体增长胜任某项工作的能力。这个能力是每个人都有的，并且差别不大。例如，你未来的单位要召开一个会议，请你摆好桌椅，再买些香蕉和糖果。你能做到吗？我想每一个同学都能轻而易举地做到。这就是自然操作能力，这种能力是天生的。其他很多工作如跑腿等都是一样的。因此，到了一个新单位，不要认为自己这也不行，那也不行。其实，很多工作是不必经过专门训练的。

当然，与自然操作能力相对的是专门性的操作能力。专门性的操作能力是指受过某些专门训练或从事某项工作时间较长而形成的非常熟练的特殊能力。例如白酒检验员由于从事验酒工作久了，只要尝一下或闻一下酒味就能辨别酒的质量高低。这种专门性的操作能力与经验成正比。有时还要经过专门训练。例如某地导游在短期训练中必须将旅游区的文字描述背熟。

2. 自己"天生"就具有自然思维能力

自然思维能力是指随着生活中的社会交流、语言交流而自然形成的思维能力。这种能力也是不必经过专门训练的。这种能力也是每个人都具有的。在前面所展示的三岁半小孩的录音也充分说明：人"天生"就具有自然思维能力。

传统的观念认为，人在幼儿时期的思维不具备逻辑性，只有经过在学校读书识字后，思维才会变得有逻辑。因此给学生所设计的逻辑知识非常呆板。我看了一本作文语言训练教材，对学生语言训练非常仔细。可当我们录下三四岁小孩的说话时，却发现书上的语言逻辑，小孩不学自通。

在实际生活中，很多同学讲话也是有逻辑的。只不过他们自己没有意识到而已，甚至大多数老师也没有意识到。这也正是"学生大多缺乏思维逻辑性"的观念在教育界根深蒂固的原因。因此，在未来职业的工作中，同学们不要老是想着自己笨，不如人，没有思维能力。如果这样想，那就只好让那些"硕士""博士"们去解决问题啰，这就使得本来你可以解决的问题变得无法解决了。

3. 自己具有庞大的语言库

传统的观念认为：学生的语言是贫乏的。而实际上，学生的语言并不贫乏。美国曾对学生进行了一项调查。该项调查的统计表示，一个人从出生算起，平均每天至少可以掌握5个新的词汇。一个7岁入学的小孩实际上已在口头上至少掌握了12800个词汇，一个12岁的小孩口头上至少掌握了22000个词汇。而同学们毕业时都16岁了，因此其中文词汇量包括单字与词语、俗语当在29000个以上。

同学们既然拥有丰富的词汇量，那么，在未来的职业工作中，不要畏首畏尾，不要担心自己的词汇贫乏，不要担心出洋相而不敢说话。

以上三个方面同学们是否都了解？其实还有很多方面同学们也不了解。

那么，如何正确认识自己呢？有两条值得注意：

（1）充满自信。也就是要常常想到：自己也是人，自己也有着和别人一样的头脑。自己头脑中的思维机能和别人没有什么不同。据说有人在爱因斯坦死后解剖了他的头脑，可是到今天为止，还没有人说：发现爱因斯坦头脑的物质结构与众不同。因此，如果我们同学中有人在未来成为爱因斯坦式的人物，也不令人奇怪。

（2）经常反思。经常反思是认识自己极为重要的手段。所谓经常反思就是用语言反问自己。例如，当别人能做到某事而自己却做不到时，可以反问自己："真是怪事！他能做到，我为什么就做不到呢？""这里有什么诀窍？""要具备哪些条件才能做好此事呢？"等等。

当然，反思还可以用于其他方面。例如："为什么苹果会掉到地上？而不掉到月球上？"实际上我认为牛顿发现万有引力就是从反思开始的。反思不仅可以发现自己的潜力，而且还可能产生重大的科学成果。仔细想来，很多有重大贡献的科学家实际上都是从反思开始的。

反思还有一个重大的作用，就是培养自己的理性思维。

在前面我们虽然说了每个人都有思维能力，但实际上，这种思维还只是一种自然思维。自然思维主要属于一种表象思维。它对很多简单的问题可以分析思考，但对稍微复杂的问题就无能为力了。

现在，新的教育改革提倡创新思维、理性思维、素质教育。邓小平、江泽民同志特别重视创新思维教育，将创新提高到关系国家、民族兴衰存亡的高度。因此，我们同学们要利用"反思"等手段来学会自我培养理性思维、创新思维。若学会了理性思维、创新思维，大概就能从容面对21世纪知识经济时代的挑战了。

愿同学们在未来职业的工作中充分发挥自己的潜力，学会自我提高，从而在将来取得更大的成绩。

可能写于2002年

女性成才的心理障碍及其对策

　　这是一篇快速命题作文。一位女性朋友拿此文章标题来找我，要我谈谈见解并写成文章。我花了两个小时写了此文，包括打腹稿的时间在内。

　　此篇快速文章不是某种科学理论的延续（真正的科学理论都经过了哲学思维的浸染），而是单纯对某平常事进行分析，或谈看法，因而可看作是比较标准的"正常腹稿思维"作品。采用这种思维方式或腹稿形式写出来的议论文我通常也把它叫做"知性思维"。知性思维在大部分情况下分析问题其实也是正确的，至少错误表现得不明显。但该种思维在分析复杂问题时就表现出了它的局限性。

2021年9月21日

　　在人类的文明史中，与男性相比，女性成才的比例确实少得可怜。在时代到了今天的时候，虽然女性成才的比例大幅上升，但与男性相比，这一比例仍然是很小的。我们认为，造成这种现状主要是女性成才的心理障碍较大。女性心理障碍的形成有两大因素：

　　（1）传统原因。人类进入文明史以来，就是以男性为中心的。尤其在我国，这种状况更为严重。我国的封建历史特别长，在整个封建历史中，出于统治的需要，统治者制定了一系列等级森严的体制，其中包括妇女必须服从男子，没有独立权。在受教育方面，女性的权利也被剥夺。几千年的封建史给女性带来了严重的摧残，更不要说女性成才了。这种历史的影响在今天也在发挥着重大的作用。今天很多的女性也仍然认为，事业是男性的事情，与女性无关。

（2）社会因素。新中国成立后，尽管在法律上已经承认了女性的地位，女性的地位在实质上也有很大的提高，但在人们心目中，女性地位并没有完全得到认同。尤其在我国的农村地区，这种现象更为明显，剥夺妇女权益的现象也时有所闻。再加上我国的农村地区经济不发达，仍然以拼体力为主，这就更显现出男性的优越。因为女性在体力上与男性存在着差异，这是无可改变的事实。因而在现实生活中，女性地位存在着隐性低下的状况。这种现状也给女性成才带来了心理障碍。

历史的传统原因及现实的社会因素给女性成才设置了严重的障碍，也给女性的心理产生了极大的影响。很多的女性表现出明显的心理障碍。例如：一是不敢挑战旧的传统。当社会上出现一些歧视女性的现象时，心理上表现为默认。认为自己天生的是弱女子，无可奈何。二是不愿发挥自己的潜能。现代心理学证实：女性除了在体力上与男性有差别外，其聪明才智是一样的，而且在很多方面女性还胜于男性。例如对于语言女性表现得更为敏感，女性的眼球构造与男性也有所不同，女性眼睛内的留影时间为男性的六倍，从而女性的记忆力表现得更佳。现代心理学、医学完全证明：女性具有与男性同样的潜力。然而，女性的心理障碍却使很多女性不愿或不敢发挥自己的潜能。在学校，很多女性表现出了学习的潜力，然而到了工作中，女性的潜力发挥却明显低于男性。除了环境因素，她们往往也看低自己，依赖男性。很多女性更是认为，未来只要找个好丈夫就行了，自己有没有能力都无所谓。很明显，在女性成才方面，心理障碍已成了一个非常值得重视的问题。如果对这一问题不加重视，不仅女性的重大作用无法发挥出来，对社会也是一个巨大的损失。

那么，如何使女性的作用得以进一步发挥？我以为，以下几个方面的工作是非常重要的。

（1）加大宣传力度。新中国成立以来，我国在这方面的宣传是做得不错的，这使女性地位得到了明显的提高。但在新的时期，还要加大宣传力度。尤其要从科学的角度宣传女性的潜在能力及其对社会的不可缺少的作用。

（2）创造社会条件。重视女性的地位与作用，不单是女性的事情，而且要整个社会的努力。各行各业都要行动起来，都要重视女性。在很多工作中应有意识地为女性提供机会与条件。如果开始就认为女性不行，就不给女性创造条件，那么即使是天才也无法发挥作用。

（3）帮助女性认识自己。很多的女性对自己缺乏正确的认识，看不到自己的潜力及其对社会的重要性，严重地缺乏自信。这是女性心理障碍形成最重要的原因。因此，要解放女性，要使女性对社会的作用充分发挥出来，就要帮助她们正确地认识自己。在很大程度上可以说，女性的进步程度如何标志着现代社会的进步程度。

（4）帮助女性掌握和利用法律武器。自新中国成立以来，我国就在法律上承认了妇女的地位。可以说，我国妇女的地位在全世界来说都是很高的，日本妇女根本无法相比。尤其在改革开放后，我国还专门制定了妇女儿童保护法。然而十分遗憾的是，很多女性不懂得用法律保护自己。当自己的权益受到侵犯时，只能默默忍受，根本不懂得国家专门为女性制定了保护法，更不懂得利用法律保护自己的权益。因此，帮助女性学习和掌握法律知识，是解放女性、发挥女性社会作用的重要环节。

（5）建立女性成才咨询机构。由于我国女性人数众多，很多宣传与教育难以到位，因此应尽量建立各种女性成才的心理咨询机构，尤其是有条件的地方，更应先走一步。在提高女性认识方面做一些具体的实活。

总之，动员全社会重视和发挥女性的潜力与作用，彻底冲破传统意识中封建桎梏，消除女性心理障碍是我国社会主义现代化建设中一项重要的工作。

可能写于2000年

• 心怡世界（2009-11-2 10:01）：

恭喜！您这篇博文在圈子"游逛经纬"由"心怡世界"加为精华博文！

• 人一口鸟子（2009-11-3 19:36）：

随着社会的发展和进步，女性的家庭和社会地位会越来越高的。这需要男性同胞的思想解放，同时也需要女性同胞的斗争，与社会旧的传统观念的斗争！自立、自强、自信的意识不断提高！

高考改革的一点设想

十多年来的"素质教育"与"应试教育"之争，虽然在实践中并没有从根本上动摇"应试教育"的现实，但它还是使我们明白了很多教育上的是是非非。中国社会的现实条件——学生多大学少的现实，使高考方式具有存在的必要。因而我们认为，改革高考内容及方式，从而引导中小学的教育方向，应是目前比较现实的可行方法。

一、应试教育的主要弊端

虽然应试教育表现出了很多的弊端，但学生思维培养的缺乏在我们看来是最主要的弊端。由于思维的欠缺，尤其是理性思维的欠缺，导致了能力的欠缺，诸如分析问题的能力、交流的能力、实践的能力等一系列因素的欠缺。因此我们以为，抓住"思维教育"这个关键也许不能解决所有问题，但至少能够带动一系列教学内容与方式的改革。

例如：演讲方式、对话方式、口头作文、分析性写作、师生笔头交流，甚至利用博客写作等都是培养学生思维能力的好方式。但由于高考中主要是考知识，而不考思维，因而使得培养思维的很多良好的教育方式变得"不合法"而被弃用。因此，如果要使这些教学方式被老师们自觉地利用，高考就必须有针对性地改变考试方式。

然而，以什么方式为好呢？虽然目前人们还想不出万全之策，但我们认为，在各学科考试中尽量增加"分析性作文考试"应是一个可行的办法。

二、政治考试科目中加入"作文考试"

在目前所有考试科目中，涉及写作思维的考试只有"语文"一个科目。虽然语文中将作文写作的考试分数比重逐年提高，但相对于所有学科来说，它所占的比例却极小。而且，语文写作在很大程度上所显现的是一种文学性的写作能力。虽然文学性写作也非常重要，但我们国家自古以来就不缺乏文学性写作思维，所缺乏的是"分析性写作"，尤其缺乏"理性分析写作"。而正如我们在以前的文中所说：分析性写作的难度大于记叙性写作，但人类的高级思维如哲学思维等是建立在"分析性写作"的基础上的。"科学"的创造也是建立在分析性思维基础上的。

因此，我们首先主张在政治学科考试中增加"作文写作"，而且完全是"分析性写作"，记叙性写作不在政治考试科目内。而且在考试中只提总的写作要求，就像语文作文考试的要求一样，而不像现在政治考试问答题中所要求的那样：文中必须使用"某某原理"等，否则就不给分。这种要求只会使政治写作又变成机械的"知识记忆性考试"，与知识选答题没有区别。其实，高水平的分析文并不一定非要在文提到"唯物""辩证""原理"等等。毛泽东的作品中就很少提及这些词，但他的思维深处却显现了"辩证唯物主义"的灵魂。

三、自然科学考试中也应逐步增加"自然科学写作"

我国自然科学教学中从来没有进行过"自然科学写作"教学。在人们看来，好像学会或记住了某门自然科学知识，学生自然而然地就会写了，就会思了。然而实践及科学研究证明：懂得、理解、记住了自然科学知识，并不等于真的会谈自然科学上的见解。黑格尔说"熟知并非真知"，大概就是这个意思。"学会"与"会写"是完全不同的。自然科学诺贝尔奖我们之所以得不到，一个重要原因是我们的自然科学教育没有注重"理性写作"或"理论思维"。当然目前的诺贝尔奖确实带有偏见，文科类的偏见更是出奇。

哲学之所以长期得不到自然科学老师的青睐，这与自然科学教育不进行分析性写作，尤其是自然界理性思维写作有着密切的关系。哲学本就是专门用来进行"理论思维"的。只有尝试自然科学理性思维，才知道哲学的用处。

因此，根据实际情况或成熟条件逐步增加"自然科学写作"的考试内容，应是逼使学校老师们采用好的思维教学方法的良好手段。当然，自然科学考试增加"作文"，人们从来没有这方面的经验，老师们平时也很少进行"自然科学写作"。这只好试着慢慢摸索了。

四、写作考试中量化计分的问题

人们对考试中"作文考试"最大的反感就是作文评价"主观性太强""不好量化"，从而达不到"公平"。这当然是有一定的道理的。但我们还是有如下两条反驳理由：

（1）世界的复杂性决定了世界上的事物绝大多数（包括很多自然界事物）都是无法量化的。如果世界上的一切都可以量化的话，哲学、语言学、逻辑学等很多科学就没有存在的必要了。世界上很多事物、很多事件的"不可量化""难以量化""难以精确量化"本是一种自然的现象，人们只能做到"大致公平"，而无法做到"绝对公平"。正如毛泽东所说，绝对公平在整个人类历史中本来就不存在。

高考增加主观性阅卷比起ABCD的客观性阅卷来说，确实增加了阅卷难度，如何克服失真现象确实是个难题。但我们以为，每年一次阅卷难度的增加如果有利于改进整个教学的话，这个"难"是值得的。

（2）我国历史传统及现代语文作文阅卷方式给我们阅卷提供了有益的借鉴。我们都知道，一千多年来，我国科举考试就是"考作文"。总结历史上作文考试的有益经验，无疑会给我们很大的帮助。

另外，自新中国成立以来，我国语文考试中基本上都考了作文。学习语文老师的出卷及阅卷方式，同样会给我们很大的帮助。既然语文老师可以给予作文一个大致公平的评价，其他科目为何不能向他们学呢？

基于以上两点理由，我认为，各学科的"作文考试"应该是可行的。

五、难以预料的问题

各学科中视条件增加"作文考试"，可能会带来实践中无法预料的新问题。我们也是人，无法预料会出现什么新问题，只能边实践，边探索，就像邓小平说的："摸着石头过河。"

以上为我对高考改革的一点设想，提供给教育界人士参考。

2009年12月1日星期二

注：此文主要是笔者读了《教育文摘周报》（2009年11月25日）两篇文章后，心里不舒服而写的。一篇文章是熊丙奇先生写的《虚伪的素质教育比应试教育更坏》，作者指出：素质教育"没有操作性""满纸谎言"。另一篇是《山东省祈水县政府出台"红头文件"狠抓应试教育》。

读了两文后，我忧心忡忡，于是写下了此文。文中建议，人们是否会考虑，无关紧要。而我的目的是想证明：素质教育具有可操作性，不是"谎言"，只是操作难度较大罢了。人类喜欢迎难而上，不断进步，因此我坚信：素质教育的问题肯定会解决的，只是个时间问题。

2009年12月5日

• 王之洲心网难织（2009-12-23 20:43）：

"人类的高级思维如哲学思维等是建立在'分析性写作'的基础上的。'科学'的创造也是建立在分析性思维基础上的！"——深刻！

牛湘坤回复王之洲心网难织（2009-12-25 17:25）：

谢谢王先生的欣赏与鼓励！

课后回顾好处多

——教学随笔

课前认真计划好课堂的授课方式是教学中不可缺少的重要环节。而课后仔细回顾课堂的教学过程同样受益匪浅。

一、发现问题，引起重视

在回顾一堂课的过程中，教师可以发现不少的没被注意的问题，从而在以后的上课中引起重视。在回顾过程中，教师可以回想自己某些知识的讲授时，学生们对此的反应、学生的心理状况等。有时，在一些知识讲授中，学生注意力开始分散，注意力难以集中，这虽与学生当天的精神状态、课堂上的某些偶发因素如教室里飞进一只蝴蝶等有着密切的关系，与某些知识的深奥、枯燥等也有密切关系，然而教师的授课方式、语言表达方式同样起着重要的作用。如果老师在讲授知识点中，重点不突出、语言啰唆、同义反复过多，或时间衔接不恰当等，都可能导致学生兴趣减退，注意力分散。因此，仔细回顾一堂课的过程，对于发现自己讲课中的问题有着非常重要的作用。

二、回顾得失，扬长避短

认真回顾一堂课的过程，对于巩固、发扬教师已拥有的、已具备的长处同样有好处。回忆当中也会发现，自己在某些知识传授中也有非常吸引人的精彩讲授。对这些精彩部分的回顾，本身不仅是一种享受，且对于巩固、发扬自己的长处，克服短处同样作用很大。

三、突出重点，精炼语言

认真回顾一堂课的过程，对教师讲课中突出重点、精炼语言，意义非常深远。有时，教师在对自己一堂课的回顾中会发现，某个知识点的讲授其实只要两三句话的解说就已十分明了，然而自己不幸用了一二十句话来解释，而学生仍不明白。因此，仔细回顾知识点的讲授过程，并在回顾中试着寻找新的语言来作讲解，这对于精炼自己讲课中的语言表达、切中知识讲授的要害等能起到极其重大的帮助作用，从而有利于促进、改善自己的讲课方式。

总之，仔细回顾一堂课的教学过程，收益良多。教师养成课后回顾的习惯，是值得重视的。

写于1994年

注：那时刚从高校教书到中学教书，中学上课主要还是知识教学，当时也不明白对付"应试教育"的最佳方式其实是"背记"与"题海战术"。

2009年12月5日

• 人间天堂（2009-12-18 08:21）：

课后回顾即课后反思，这一环节非常重要。叶澜教授曾说："一个教师写一辈子教案不一定成为名师，如果一个教师写三年的教学反思，就有可能成为名师。"没有反思的经验是狭隘的经验，至多只能形成肤浅的知识。

牛湘坤回复人间天堂（2009-12-18 16:27）：

天堂老师说得非常正确，反思确实重要。谢谢天堂老师的指教

雷锋精神永放光芒

——参观雷锋纪念馆有感

今年3月6日，湖南省委党校人口室党支部开展党日活动，组织全体同志到雷锋纪念馆进行参观、学习。在川流不息、情绪高昂的人群中，人口室全体同志聚精会神地倾听了关于雷锋生前的每一个动人事迹，景仰了他生前活跃在各个平凡岗位上不平凡的身影。参观之后，大家在学习和讨论中一致反映，雷锋的动人事迹感人至深，使我们受到了一次深刻的教育，对我们的思想有着极大的触动。

近几年来，由于社会上一些不良风气的影响及思想政治工作的减弱，人们对雷锋精神淡忘了。通过对雷锋纪念馆的参观，我们深深感到，极有必要对雷锋事迹重新加以学习和认识，认真领会雷锋一心为党、一心为人民的高尚精神。

大家三句话不离本行，在学习和讨论中进一步谈到：当前，我国人口形势十分严峻，人口问题十分突出，如何使党校学员全面了解我国人口现状，深刻领会我国严格控制人口增长，提高人口素质，贯彻基本国策，进行国情教育的必要性，已成为今后人口教学的一项中心任务，我们必须努力使学员以雷锋为国着想、为民着想、为我们中国的未来着想的事迹为榜样，真正重视我国人口问题的解决，在自己的工作岗位上发挥出重要的作用。

雷锋精神永放光芒，雷锋同志对党对人民无限忠诚、对本职工作无限热爱的高尚品德将鼓舞我们人口室全体同志在人口理论的教学和科研园地中发奋耕耘，并不断取得新的成果。

载于《湖湘论坛》1990年第2期

注：此文属于一篇命题文章。当时我在湖南省委党校人口室工作，我们集体到宁乡县参观雷锋故乡。《湖湘论坛》杂志要求我写一篇报道，于是写了此文。根据我个人的体会，报道文以时间开头，思维一般比较顺畅。

走向社会，提高能力

——我校职业指导实验已初步展开

由国家课题组组织的国家级科研项目——"职校职业指导实验"于本学期在我校顺利展开。参加实验的高一3个班与高三1个班正有条不紊地落实实验计划。在4个实验班内，老师们已初步进行了课题的心理调查、理论指导及社会实践等步骤的工作。有的班的学生已参加了第一轮的问卷测试。所有参加实验的学生已多次直接体验了社会生活的滋味。他们曾到沃尔玛、万佳等商场见习，到国贸、国商、老街等地进行社会调查，还到深圳市证券市场、期货市场、人才中心作实地考察。3月26日，学校还组织实验班的学生参观了深圳博物馆，对学生进行了"如何与父母沟通""如何对待早恋"等思想、心理、道德方面的教育。通过一系列的社会活动，学生们的学习兴趣提高了，对社会的关心程度提高了，思维也变得活跃了。如有的学生在他们的实践感受中写道："我们觉得以前书本上的专业用语、抽象概念，在实践中容易理解多了。……过去的厌倦感也一扫而光。"

在职业指导实验中，老师们不仅重视学生知识的学习与拓展，而且更重视学生的综合能力，诸如自学能力、操作能力、思维能力以及创造能力的培养。对每一次的社会调查、社会实践不是走马观花，而是抓住生活实际，认真总结，展开讨论，仔细分析。虽然很多同学在分析上停留于表面，但不少学生已经触及事物的某些本质了，看问题的敏锐性、独特性、创造性有了可喜的进展。高一九班施惠宣同学所写的《教学创新奇，学生重实践》受到了"职业指导实验组"副组长上官主任、周道恩主任的充分肯定，并被我校刊物《教苑撷英》采用。还有一些同学所写的生活感想、报道、评论、总结、分析论文等颇有新意，给人启迪。

在实验进行过程中，班主任老师给予了大量的支持，甚至陪同学生深入社会实践，使实验的进展更为顺利。

我校职业指导实验才刚刚起步，它还将持续三年，甚至在学生毕业之后，还将跟踪调查多年。目前，给实验班每个同学建立档案的工作也在配套进行。对实验计划系统而具体的落实也抓紧了研究。实验的最终目标就如实验组组长蒋湘宁校长所说："不仅要使学生有着清晰的择业理想与认识，更重要的是使学生普遍具有较强的综合能力，包括生存能力、应变能力、心理承受能力，尤其是独立、创新的思维分析能力。"他认为提高学生实际能力是未来职业学校发挥自身长处的根本出路。

实验组的成员正信心百倍，迎接从未有过的挑战。

载于《罗湖教育》1999年第3期

注：此文也是命题文，受有关部门委托写此文。在实际工作中，会经常要求写报道文。

校长带头，学术讨论形成热潮

在今年国家级学校评估通过以后，行知学校又掀起了教育教学学术讨论的热潮，12月间学校举行了两次较大规模的学术讨论会。在讨论会中，学校领导也以学术讨论者的身份参加了讨论。如校长臧申在讨论中就说："我以普通教师的身份参加讨论，谈谈自己个人的学术看法，任何一个老师都可以'反驳'。"领导的参加，将教育教学研究的气氛推向了又一个高潮。

在讨论中，发言者提出了很多新颖、独特、令人深受启发的精深见解。例如，臧申校长以大量的现代科学成果说明了智力的形成与条件及教育教学中应采取的科学方法。他以自己渊博的知识学问，指出了中外一些名家的教育研究的利弊，批评了心理学家霍尔和华生的片面研究，赞扬了毕隆、爱宾浩斯的科学成果。另外，还提出了很多令人深受启发的教学方式，如多种媒体并行法、遗忘之前识记法、分布识记间隔法、适容量适难度授课法、新需要激发与引导法等等，并对我国传统理论也谈了有价值的见解。毫无疑问，校长的参与，使教育教学学术讨论更加热烈。

在活跃的讨论中，一些老师也发表了自己独特、精深的见解。如牛湘坤老师提出在教学中以口头训练、录音训练、电脑训练、默思训练、音乐训练给学生创立"领悟"的情境，以开拓学生的思维潜力。李钟陵老师在讨论中专门分析了教学的"牵引"技巧，即对如何将现代名家的科研成果巧妙地引为自己教学所用，提出了新颖、别致、风趣的看法，引起了老师们的极大兴趣。

行知学校所进行的教育教学学术讨论已初具规模，以后还将进一步扩大成果。目前，很多的老师也已跃跃欲试，打算在下一次的学术讨论中展示自己的才华与教学上的绝技。我们相信，这种良好的教育学术必将使通过了国家级评估的行知学校在教育教学上更上一层楼。

载于《罗湖教育》1999年第1期

行知学校获深圳市第二届"鹏城花" 少儿模特表演大赛两项金奖

2000年11月25日，在深圳市教育局、共青团深圳市委员会、深圳市少工委、深圳晚报、深圳青少年报联合举办的深圳市"鹏城花"第二届少儿模特表演大赛总决赛中，行知学校服装表演模特队荣获两项金奖，一项是少儿模特表演集体金奖，另一项是模特表演个人金奖。这两项金奖都是该项目表演上所设的唯一金奖。

此次比赛分幼儿组、儿童组及少儿组，行知学校模特队作为少儿组（13—17岁）顺利通过初赛、复赛、准决赛和总决赛四个阶段而夺冠。

在比赛中，行知学校还获得了两项学生个人铜奖、最佳服装设计奖（集体）、最佳表演奖（个人）及最佳上镜奖（个人）。

指导教师杨自清老师获得了大赛唯一的辅导员金奖。杨老师在模特队的训练、编排、服装设计等指导工作中积极创新，付出了巨大的心血。

总决赛颁奖的当日，臧申校长为学校模特表演队举行了庆功大会，并鼓励模特表演队员们向更广更深的领域进军。

载于《罗湖教育》2000年第5期

战斗第一线，巾帼不让须眉

——记行知学校的女教职员工

此文属于一篇命题总结文。2000年，深圳罗湖区评选"巾帼文明岗"，要求每个学校写一篇女职工总结。我校的写作任务就落到了我的头上。不过，我校后来还是荣获了此奖，总算文章没白写。经验总结文好像也有个基本的格式：先总体上谈所取得的成绩，然后分几点谈取得该成绩的做法。不过，作者若擅长打腹稿，对基本格式就比较容易理解。否则死套格式，写起来就有些困难。

行知学校的女领导、女教师、女职工共计113人，占了全校的一大半。她们勇于挑重担，战斗在教育第一线，分别担负着行政、教学、后勤等一系列的重要工作。可以说，没有她们，没有她们的贡献，行知学校的工作就将陷入瘫痪。她们在道德修养、德育教育、业务本领、教学创新、社会实践、学校生活、后勤服务、文化管理等各个方面都取得了骄人的成果。

注重道德修养，重视德育教育

走进行知学校，就可以看到该校的女教师、女职工们良好的精神面貌，她们仪表端庄，气质高雅，态度和蔼，衣着大方，坚守在自己的岗位上，无私地为教育事业作出贡献。自行知学校创校以来，她们之中没有一个有违纪的记录。她们正是以自己优良的道德修养为学生树立了效仿的楷模。她们以"五心"的标准要求自己，即：忠心献给祖国，爱心献给社会，关心献给他人，孝心献给父母，信心留给自己。

在对学生的教育中，她们更是重视德育渗透。在系列的德育教育活动中，她们以课堂教学为主渠道，利用讲座报告、主题班会、观看录像、军事训练、参观访问、自己动手制作以爱国主义为主题的、结合教学的工艺品等形式，强化爱国主义、高尚品德、坚韧意志和"中小学生行为规范"的教育，并教育学生处理好与老师、同学、家长、亲友、邻里以及集体的关系，使学生形成了良好的作风和习惯，使校园形成了和谐的育人氛围。同时，她们通过对学生的道德思维评价、自我教育、社会活动、人际交往的能力培养，使我校大部分学生的品德素质有了较大的提高，使学生有了较强的辨别是非、美丑、善恶的能力。学生求真知、做真人的愿望也越来越强烈。

因此可以说，行知学校形成了良好的校风、校容和校貌，与该校全体女教职员工的共同努力是密切相关的。

具有业务本领，教学累创佳绩

行知学校的女教师不仅学历达标，而且实际能力强，很多女教师多才多艺，具有跨学科的优势。正是由于她们业务能力强，再加上她们的奉献精神，教学上老是传颂着她们的"创新"业绩。例如，"渗透教学法"就是在她们多才多艺、多学科知识的基础上创立的。她们将语文课与美术课相渗透，语文课与艺术课相渗透，英语课与艺术课相渗透，服装课与政治历史课相渗透，美术服装专业与体育相渗透，结合我校的专业特点，把音乐、美术、表演等知识技能带入课堂，给学生创造更广阔的自学空间和主动参与教学的机会，使学生将所学的知识更快更直接地转化为能力。这一试验正逐步在全校范围内推广。

近年来，尽管考入行知学校的初中毕业生，入学成绩呈下降趋势。但她们能正视现实，采取积极的措施，认真策划，精心施教。经过她们培养的学生实际能力有了很大的提高。1995—1998年，从她们手下毕业的学生就业率97%以上。输送给各类高等专业学校（包括成人高考）的学生分别为105人、145人、120人、130人。

在教学上，她们总是积极进行各项改革实验，进行教学研究。近三年来，她们共撰写教育论文两百余篇，公开发表论文43篇，发表美术作品52件。

她们还抓住各种机会在学校营造良好的教育教学学术讨论氛围。最近，周道恩主任等一些女教师骨干又组织了全校规模的学术讨论会，如教育论文写作与教学研究思维学术讨论会、教育教学方法研究学术讨论会。良好的教育科研活动极大地推动了行知学校的教学工作。

在2000年12月的市级团体操中，她们更是大显身手。从服装设计、队形排列到组织安排等一系列的工作几乎全被她们包揽了。

以女教师为骨干的美术、服装专业在深圳市乃至广东省都有一定的知名度。她们多次到广州、北京参加研讨，并承担广东省教育厅组织的"三省一市"职业中学实用美术教学大纲的编写工作，如编写室内设计教学大纲、电脑美术教学大纲、色彩教学大纲、陶艺雕塑教学大纲、装饰画教学大纲、服装设计教学大纲、服装工艺教学大纲。同时，还编写了与之相应的教材。毫不夸张地说，这种奇特的教育教学业务特长在深圳市也是独一无二的。

深入社会实践，丰富学校生活

行知学校的巾帼英雄们深深懂得，课堂中的很多知识要掌握得好，领会得深，除了课堂上学扎实外，还必须和实践相结合。因此，她们非常重视将学生带到社会实践中去学习。几年来，她们做了不懈的努力，为学生开辟了多种多样的教育与实践相结合的渠道，取得了令人瞩目的成绩。她们连续几年组织高二学生远赴江南，途经湘、赣、皖、苏、浙、沪等地，搞社会实践和专业实习。美术、工艺和服装等专业的学生在徽州、苏杭、绍兴等地写生，创作了一批优秀作品；商场管理、商务营销、商务文秘专业的学生在上海第九百货商场进行实习，学习商业、市场调查、库存管理、营销情况等知识。学生们站柜台售货，向顾客推销优质产品，在上海南京路和南京市新街口、夫子庙进行市场、商品调查，学到了不少商业知识，专业技能得到了检验，职业道德、思想素质和专业素质普遍有所提高。

另外，她们还带领学生先后拜谒、参观了南京雨花台革命先烈纪念碑、南京大屠杀展览馆、陶行知纪念馆和上海"南京路上好八连"事迹展览馆，听了全国劳动模范徐虎的事迹报告等，使学生受到了很生动的思想政治教育。

值得一提的是，平时表现较差的学生在她们感化与教育下，心灵有较大的触动，他们的思想、行为、观点、责任感都有了很大的变化。

同时，她们还组织学生积极参与社会的重大活动，如围绕"九七"香港回归这一重大课题，组织系列活动20多次。组织文秘专业的学生协助参与了口岸最佳检查员的评选活动，获得了香港同胞的交口称赞，香港《文汇报》为此做了大篇幅的报道。

总之，她们教学与实践相结合的正确思路对培养学生学会做人、学会求知、学会生活的综合能力起了极为重要的作用。

后勤任劳任怨，提供良好环境

在行知学校的后勤工作中，还有一批女干部、女职员付出了辛勤汗水。她们为行知学校的良好环境做着默默无闻的无私贡献。从食堂、图书馆到外来接待等方面都流传着她们的佳话。

学校图书管理工作几乎全由女职员们负责。在庞杂的5万册书中，40%左右是复杂的专业书籍。报纸杂志有265种。但她们却管理安排得井井有条。图书馆设学生位置108个，教师座位60个。学生、老师们阅读书籍的舒心与方便的背后，浸透着她们的滴滴汗水。

由餐厅、厨房、主副食库房及食堂管理用房组成的食堂，环境整洁、舒适，能够保证10%以上的师生同时就餐。

由于行知学校在职业教育上成绩显著，因而对外交流也非常频繁。在对外接待中，女教职员工也承担了主要的工作。学校开办以来，她们接待了市内外、省内外、国内外同行朋友几十批上千人，曾接待全国（含港、澳、台）职教研讨会和陶行知研究会年会的代表，省、区、市教育工作会议代表，由48位香港中学校长组成的参观团，等等，并与荷兰、德国和中国香港学生共同举办了夏令营活动，与香港沙头角中学、上水东华三院甲寅年总理中学进行了交流。

为了活跃、丰富学校生活，她们还根据个人的特长建立了合唱团、舞蹈队、模特队以及管弦乐队。她们常常举行美术、舞蹈等多种形式的比赛。最近，李丽丹等一些女教职员工在学校又举办了教师卡拉OK比赛等等，极大地丰富了学校的生活。

总之，行知学校的女教职员工以她们崇高的精神、饱满的热情，为行知学校的建设做了大量的工作。她们所作的贡献丝毫不亚于"男子汉"，她们不愧为深圳的巾帼英雄。

写于2000年

晏小萍，一夜爆红！

2016年1月7日晚，晏小萍一场专场演唱会令人震撼，小萍芳名一夜之间爆红香港。

文汇报、大公报、凤凰卫视等多家媒体、报刊记者争相采访晏小萍，巨大的香港大会堂音乐厅，人山人海。

晏小萍的歌唱演技十分惊人，一开场就紧紧抓住了观众的心。很多香港观众惊讶，晏小萍的歌声不亚于宋。晏小萍的高音独具特色，很多香港同胞送给了晏小萍一个亲切的雅号："百灵鸟"。

晏小萍的音乐修养同样惊人。民间歌舞、苏州评弹、北京京剧及湖湘祁剧等的造诣之深，令人叹为观止。一曲《贵妃醉酒》陶醉了所有观众，体现了中国一号戏曲大师梅兰芳最经典的风采！

晏小萍的演唱歌曲也颇具特色。她特别喜欢那种健康的、奋进的、有正能量的歌曲，对低级趣味的歌曲她从来不屑一顾。对捐献给残疾人、贫困山区等义演爱心活动的组织，非常参加积极，总是不辞辛苦。

晏小萍的歌声，充满激情，催人奋进。我们从晏小萍的歌声中游历祖国大江南北，领略祖国无限风光。"谁不说俺家乡好"这首经久不衰的老歌，经过晏小萍美丽的歌喉，把我们带到广阔的大陆、辽阔的草原，家乡的山山水水又呈现于眼前。激情高昂的《珠穆朗玛》把我们带到了青藏高原。《故乡是北京》一首美丽的歌，更是把处在香港的灵魂带到雄伟的天安门。《红梅赞》优美动听，引起我们对先辈英雄们的无限怀念！晏小萍的歌声给了我们无限遐想，无穷享受，无穷力量。谢谢你，晏小萍！

香港，这块美丽的国土，由于历史的原因，长期处于殖民状态。某些香港人尤其是一些年轻人，甚至忘记了自己是中国人。晏小萍的歌声，带来了祖国的关怀，内地的血脉。她告诉和唤醒我们，我们虽然身处香港，可我们的心永远是中国心。振兴中华，我们香港人同样有着义不容辞的责任！

《西沙，我可爱的家乡》这首晏小萍与陈民强先生的对唱，告诉了我们，我们的家乡，疆土漫长。西沙，是内地人的家乡，也是香港人的家乡，是内地和香港共同祖先留给我们的财富，内地和香港血肉相连，有责任共同保护我们的国土。

晏小萍是一位歌唱艺术家，她是一位正直的、善良的、有良心的、总是向人们传递着正能量的歌唱艺术家。

晏小萍由于天生的甜美嗓音及对艺术天生的热爱与追求，从小就学习中国戏剧，十几岁时就已经是湖南省祁剧院的专业戏剧演员。但她又酷爱学术，她本质上是一位学术修养高深的学者。1977年，中国恢复高考制，晏小萍就以优异成绩考入大学学习英美语言文学。昨晚舞台上晏小萍用英语演唱外国歌剧，令港人十分惊讶，其实这同样是晏小萍的拿手好戏。

实际上，早在十多年前，晏小萍就已经是北京外国语大学英语系语言学副教授。

2008年，她又获得了香港浸会大学哲学博士学位，并在英国兰卡斯特大学和美国柏克莱大学做过两年的高级访问学者。也正因为如此，一些香港朋友又在晏小萍的雅号上加上了两个字——"百灵鸟博士"。而这位博士常常将自己的学养与歌唱艺术相结合，创造了只有她自己才拥有的独特的歌唱艺术及独特的艺术魅力。

昨晚的演唱会，座无虚席，中途无一人退场，掌声经久不息。演出结束之时，人们迟迟不愿离场，最后迫使主持人不得不临时改变计划，请晏小萍临时加演，场景十分感人。

我们相信，一夜爆红的歌唱艺术家晏小萍未来还会经常给我们带来意想不到的惊喜！

写于2016年1月8日

注：应一些晏小萍粉丝之邀写了此文。

浅谈英语课文整体教学方式及其作用

近几年来，中学英语教学中逐渐兴起了一种新的教学方式——整体教学法。然而，很多的英语教师对这一教学方法的理解感到模糊或茫然。当然，整体教学法究竟是指什么，笔者也不敢说能做出一个精确的定义。笔者只能就自己在英语整体教学实践中的体会谈一点粗浅的认识。

英语课文整体教学法，作为一种语言的教学方法，与汉语语言的教学在很多方面有相似之处。这大概是因为英语和语文教学在理解课文、学习词句方面有着相同的任务所致。例如，对一篇课文的讲解，英语课文整体教学的方式大体上分为以下三个步骤：

第一步：理解课文。在教授一篇英语课文时，首先要求学生通过阅读了解该文的内容，找出中心思想和段落大意。如果是一篇英语议论文，则要求学生抓住其主要观点，以及作者是如何来论证这个观点的，从哪些方面来分析的。而每一个方面着重谈了什么？如果是一篇记叙文，则要求学生知道，文中的事件发生在哪里？什么时候发生的？事件涉及哪些人？事件的经过是怎样的？首先怎样？其次怎样？最后怎样？文章的中心是谈什么？等等。从文章中心思想到段落大意再到细节都要求学生清楚。为了检验学生是否真的理解了课文，教师则设置各种检查途径，如口头提问与笔头测试等。这与我国语文教学上的课文理解似乎有相同之处。

第二步：学习词句。即着重学习文章中所使用的一些词汇及句型。语文教学也有对词、句的学习内容。在词汇方面，语文老师通常是用文中例句、老师自己的造句示范以及学生造句练习等方式让学生学习汉语词汇。而英语整体教学也同样采用了这一方式，并作了改进。整体教学中使用了更多的练习，尤其是口头练习。教师将课文中某一词汇或句型引出后，为了反复练习，通常为学生提供一个前提或情境来做练习。

第三步：综合练习。练习通常包括词汇、句型、语法等形式多样的练习。

英语语法的讲解在整体课文教学中相对缩小。在分析课文和学习词、句等的过程中，教师一般不专门涉及语法。语法讲解一般设置专题讲述。这与汉语语法的教学也有雷同。汉语教学在分析一篇课文和学习词、句时通常是不专门做语法分析的。当然，英语的语法分析仍然远超汉语。

那么，英语教学为什么要采用整体课文授课方式？采用整体教学方式究竟有什么作用呢？笔者认为，这种教学方式最大的特点就是力图改学生的"两步"思维变"一步"思维。所谓"两步"思维是指学生在阅读一篇课文时，先在头脑中将其译成汉语，然后理解。而"一步"思维则是指学生脱离汉语直接用英语思维，在头脑中不闪现汉语而达到理解的思维方式。

一般来说，传统的英语教学方式是在学生学习某篇课文时，将文章分成段，再分成单个的句子来理解。而为了理解单个句子，教师又将其分解成更小单位的单词及短语，然后对这些单词及短语在句子中所充当的语法作用加以分析，有时再译成中文，或者再将句子中某个词组提出来，加以举例说明等等。这样的一种细嚼慢咽的分析虽然对于学生根据语法组成结构较完整的英文句子来说有很大的帮助，但是它却养成了学生重词语而不重文意的习惯。以嚼咽的分析解释课文使学生有充分的时间在头脑中将英语句子与汉语句子加以比较。久而久之，学生就形成了以汉语意义阅读英语文章的定型。而这种定型度对于实际交往来说却相当不利。因为实际交往中需要快速的理解，需要脱离汉语的英文直接理解和思维。虽然有不少的英语人才也是在过去传统的教学方式下成才的，但实际上，他们成才之前莫不是又从大量的听力和阅读练习中对自己的英语语感重新加以训练。笔者曾在美国哥伦比亚大学与一位老师谈到中国留学生的问题时，这位老师说："使我感到最伤脑筋的是一些英语文章写得相当漂亮的中国学生，总是不能理解我的意思。我真不知道应该采取什么方式才能使他们明白我的意思。"可见，理解他人的意思，乃是语言交流的首要因素。利用语法写成的文章虽然规范，但在思维方式上借助了汉语，因而难以适应实际交流。

整体课文教学法是试图把理解意义置于首位。首先要求学生迅速了解课文内容的方式，在我看来，是力图让学生掌握像中国人阅读汉语报纸杂志般的方式。大家都知道，我们中国人阅读中文报刊的速度相当快，有的人甚至是一目十行。因为我们阅读报刊的主要目的是了解文章的观点、信息，事件的前后概况。对于文章中究竟使用了怎样的语言，哪些词汇，人们一般是不在意的。可以说，大多数人在读完一篇报刊文章后，对于事件的发生，知道得很清楚，但是对于文中的文字及语言的表述方式，恐怕早已忘得一干二净了。这主要是阅读过程中着重于意义理解的原因。而整体教学法的重要任务之一应该说就是培养学生的英文理解能力。

英语教学中，教师对学生的引导是非常重要的。当教师询问学生，课文中的某一新词在某句中充当什么作用时，学生的注意力马上就会集中到单个的词句中，并思索着该词属于主语还是谓语。当教师询问学生该课文的观点是什么？作者主张什么反对什么？为何有此主张等的时候，学生就会集中于通篇课文或某一段落的快速阅读，因为现在学生关心的是作者的主张。文字结构、语句表达方式在学生头脑中暂时被忘却了。这颇类似于中国人阅读报纸杂志。整体教学法至少以超过三分之一的篇幅引导学生追求文章的意义，从而达到阅读能力的培养目标。

虽然整体教学法首先强调的是意义的理解，但这一方式并没有忽视学生自身的语言表达。学生的语言表达在整体教学方式上主要是通过两种途径来实现的。第一，通过追求文中意义来学习、运用语言。这一点颇有点类似于两三岁的小孩学母语。首先是儿童反复地理解父母的意思，然后才自然形成自己的语言。第二，就是专门进行词汇、句型的学习。即前面谈到的第二步。不过，整体教学法的词汇、句型的学习也与传统的学习方式大不一样。其主要特点是提供情景的造句练习。这种练习的作用大致有三：（1）扩大了课堂容量。传统的词、句教学在大多数情况下是老师做完解释后再示范二三例。而整体教学法在同一时间内早已让学生自己口头造句练习了十几例。

（2）适合学生"一步"思维的培养。由于情景设置的教学方式本身已提供了造句的前提，因而利用中文思维作为辅助手段已显得多余。而大容量的口头练习又要求学生迅速作答，而前提的提供又使这种作答成为可能。这种方式颇有点类似于日常生活中老师与学生的对话。当老师用普通话和学生交谈时，学生很自然地用普通话思维，并以普通话回答老师。当老师用广东白话与学生对话之时，学生又很容易采用广东白话思维。情景对话则是力图创造客观条件培养学生利用英文思维学习词汇、句型的一种尝试性的方式。（3）活跃了课堂气氛，调动了学生的积极性。由于中国学生长期用汉语思维，因此，老师单纯地教学生用口头快速地造英文句时，大多数学生往往感到困难。这种询问或练习很容易造成学生沉默。整体教学法通常在学生造句前提供了一个前提，或某种情景的设想，这就给了学生以参考或提示，从而加快了学生的练习过程，学生也变得活跃了。

毫无疑问，整体课文教学法在英文教学中将会不断发展、创新和完善，而笔者对此的体会仅为皮毛。在此所谈的肤浅之见肯定错误百出，尚请各位同仁批评指正。

注：1990年听了湖南师大附中几位英语老师进行整体教学示范课后所写。

婴儿最初的信任

作者：［美］S.罗宾逊·安布伦　翻译：牛湘坤

　　新生婴儿究竟会想些什么？对此我们可能较难想象。实际上我们从孩童时代后期开始，就能够把自己的父母和别人的父母、自己家庭的生活方式与别人的生活方式加以比较。婴儿是绝对作不出这种比较的。他只能把他自己所处的特殊的家庭环境作为现实的、全部的世界。

　　婴儿时期实际上是儿童最初欲望的形成和发展时期。在这个时期里，最重要的问题是婴儿是否对周围世界具有信任感。最初的信任感包括积极地对待自己、别人和世界。如果不信任周围世界，怀疑周围世界，那么就会以消极的感情，例如恐惧感、不安全感等表现出来。

　　当大人们能以充满柔情的方式始终如一地满足婴儿需要时，婴儿就会满意地认为这个世界很安全。他就会开始信任照看他的大人们，因为这些人始终如一地关心他，并且还传递着一种稳定而友好的情感。

　　当婴儿的需要不能得到满足时，他就会感到这个世界很讨厌。如果婴儿长期啼哭而无人理睬，他就会认为整个世界都不关心他。因为他不能像我们一样，认为是父母疏忽了，他还没有这种判断的经验。他会得出这样一个结论：这个世界是一个不友好的世界，而自己则是一个得不到温暖的人。在这种环境下，婴儿就开始产生一种对世界的不信任感，并且会由此而产生自卑感。

　　产生不信任感和自卑感后，很快行动上就会表现出来。本来，婴儿需要得到营养的满足，需要得到身躯上与别人接触的满足。如果这种需要不能经常得到满足，婴儿就会以长时间的啼哭反映出来。美国心理分析学家爱恩斯·瓦斯发现，婴儿啼哭时间的总和与次数反映了父母们以前满足他们的欲望程度。如果大人们对婴儿的啼哭置之不理，或者好半天才做出反应，婴儿啼哭的次数就会增多，时间也会延长。他们似乎不再相信会有人关心他。

一旦婴儿有了不信任感，他周围的环境反过来又会进一步加固这种不信任感。他的父母会觉得这个孩子讨厌、古怪，对他的啼哭也不再予以理睬。家庭的其他成员呵斥他，邻居则狠狠地敲打墙壁以示"抗议"，某些性情暴躁的大人抱起他的时候总是恨不得把他关起来。这样，到了后来，这种孩子的自尊心会减弱，积极与别人交往的能力也会丧失。

载于《早期教育》1988年第3期

一

婴儿的笑

作者：［美］S.罗宾逊·安布伦　翻译：牛湘坤

笑就像身体的接触一样，是婴儿早期与大人交流的方式。事实上，几乎每一个人都喜欢以笑来逗婴儿，同时也希望婴儿以笑回报。以我们现今的文化衡量，笑就是社会联系的开始。

婴儿出生仅仅几个小时就会笑，但这还不是社会交流意义上的笑，这种笑最初是无意识的。然而这种笑对父母与孩子的联系有着重大的影响。婴儿嬉笑给父母带来无比的快乐，它使父母感到骄傲自豪、心满意足。而脾气躁、面容呆的婴儿恐怕就较难激起大人们的兴趣了。

尽管婴儿最初的笑是自发的、无意识的，但是大人们以笑回报，就能使婴儿自发的、无意识的笑转变为一种交流——这实际上就是最初社会交流的相互作用。事实上，大人的回笑就是告诉婴儿，他是一个有作用的人，他的行为对他周围的人有影响。

笑的次数多少似乎具有先天性。一些婴儿生下来就喜欢笑，而有些婴儿即使在大人强烈的鼓动下也不笑。然而，尽管婴儿笑的次数具有先天性差异，但是只要大人们增加笑的次数，或者增加其他的刺激，婴儿笑的次数一般说来也会增加。

载于《早期教育》1989年第5期

注重教学心理，提高人的素质

——我读了一本好书《教育心理学》

近期我读了一本好书——《教育心理学》（张大均主编，1997年7月由人民教育出版社出版）。我感到收获甚大，增加了很多新的认识。具体说来，大致可归纳为以下几点。

一、充分重视心理运动在教学中的作用

《教育心理学》是一本现代的研究教育学的心理书籍，它非常重视人的心理规律，这是传统教育教学所缺乏的。传统教学往往认为，教师只要掌握了一定的专业知识，就能够教好自己的课程。然而，《教育心理学》在大量实践的基础上作了非常深入的研究，它充分地告诉我们，在教育教学工作中决不能忽视心理规律的掌握。如果不了解教育教学中的心理因素，就可能出现很多新的、传统理论所不能解决的问题。例如，现代心理学研究发现，过去人们认为的很多学生得到的问题实际上有相当大的比例属于心理问题。不懂得心理学就难以对症下药，就难以达到预期的教育目的，因而也很难有效地培养高素质的学生。这关系到我们祖国的未来，关系到祖国在未来世界的民族地位。作为一个现代化的人民教师，对此是决不能忽视的。

通过对《教育心理学》的学习，我感到自己肩上的担子非常沉重，自己必须树立终身学习的信念，尤其是对现代教育心理学这门新兴的课程必须加倍努力，这样才能更好地完成党和国家交给的重任，才能不辜负人民的期望，才能在培养祖国未来接班人的神圣工作中贡献自己的一份力量。

二、教学过程是重要的双边心理运动过程

教学的过程实际上是教与学两个方面的过程，它既是教师心理的运动过程，也是学生的心理运动过程。《教育心理学》辩证地讨论了两个方面的过程，这使我们看问题的眼光变得更为全面。长期以来，我们的眼光只盯着"教"，认为只要按照教学计划完成了知识的传授，教学任务也就完成了。其实，若按照现代教育心理学的标准来衡量，教学任务还远未完成。因为教学是双边活动，另一边的接受者是学生。然而，学生并不是物、不是容器、不是机器，他们是人。是人就有思想，就有心理活动。一味地要求学生接受老师所授知识，而不顾及学生自身的特点，是难以取得优质的教学效果的。作为教师，必须充分了解学生的这些特点。不了解这些特点而教学，很难达到真正培养人的目的。

这本教育心理学告诉我们，只有仔细研究学生的心理运动特点，教学才有成效。

三、人的智能素质包括三个重要的方面

《教育心理学》还告诉我们，人的智能素质是一个综合性的素质，它包括的范围很广。主要说来，它不仅包括知识和技能，而且还包括创造力。这告诉我们，不仅要注重知识技能的传授，而且决不能忽视对学生创造力的培养。我们过去沿用的传统教学方式往往只重视学生的知识传授，而忽视学生创造力的培养，只要求学生背出和掌握过去的知识性的东西，没考虑学生作为一个人，也和正常人一样具有主观能动性。学生的创造性机能是学生素质的一个极为重要的组成部分，这是传统教学严重忽视了的一个问题。现代社会的高速发展要求人相应地全面发展，要求教育也采用现代的教育方式，要求教育必须充分发掘学生的创造潜质，使学生能充分适应未来高科技的发展，而不是仅要求学生跟在老师后面就够了。培养未来能够超过老师本人的人才是现代化教育的实质。

四、创造性思维的培养必须注重科学方法的掌握

《教育心理学》不仅非常重视创造力的培养，而且还在创造力方法上给我们作了详细的指导。该书在总结了前人科学研究的基础上，创造性地提出了一些非常有价值的创造方法。例如，该书不仅探讨了创造过程中的客观性原则、系统性原则、教育性原则和理论联系实际的原则，而且还对创造的方法作了科学的表述，提出了一系列的范式与程序，使我们对创造的科学方法有了比较清晰的认识。这不仅使我们在教育上对学生应怎样学习有所了解，实际上对我们教师研究教学中的问题也有明确的指导作用。

五、教师还必须充分认识自身的心理规律

《教育心理学》的另一个特色是该书不仅探讨了学生的心理运动，而且还用很大的篇幅研究探讨了老师自身的心理运动。这应该说是传统教育心理学忽视了的另一个问题。传统教育心理学把老师完全看作是知识的化身，老师在教学上完全按照课本讲课，只要把课本"讲深讲透讲活"就够了，比较机械。其实，仅老师讲，无论讲得多么深多么透多么活都是不够的。老师在教学中应充分地有意识地发挥自身的能动作用，尤其是反思的运用。由于教育教学是一个非常复杂的过程，凭借仅有的教学经验常常不够，因必须持续地观察思考。对教学的过程作深入细致的反思，对得失利弊做到心中有数。这样才能提高教书育人的水平。这好似现代化教育对现代化的教师所提出的高要求。

不可否认，我们一些老师对此是不够重视的，有的甚至根本没有意识到这一点，以为凭着自己多年的教学经验就足够应付教育教学了。教育教学的事实常常比我们想象的要复杂得多，很多问题甚至是我们的前人也没有遇到过的。解决新问题到前人处找答案常常难以奏效，而运用自己有意识的心理反思可以收到很多意想不到的效果，也常常能使自己产生一些新的认识。这是《教育心理学》给我们的又一个重要的启示。

　　《教育心理学》还告诉我们，现代教师既是能教书又能研究的新型教师，在教书的同时也善于研究、善于发现新动向新问题、善于解决新问题，在教育教学的研究中又能有效地提高自身的能力、自身的水平以及自身的教学能力与水平，达到真正的教学相长。

　　总之，《教育心理学》确实是一本好书，它告诉了我们很多的新道理，给我们的头脑增加了很多的新观念、新道理。很多的新观念、新道理当然不是我们的一篇短文能说全的。

　　当然，由于很多新的理论属于近年来的新课题，在研究上还不能达到非常完美的程度，一些概念范畴还不能达到完全的系统化、完整化，这是新理论研究中暂时还难以避免的问题。但是瑕不掩瑜，该书在新理念、新观点、新方法上给我们的启示使我们受益匪浅。这是我们应该充分肯定、充分理解的地方。

　　让我们学一点现代教育心理学，在未来的教育教学工作中发挥自己的聪明才智，将教育教学工作干得更好，使我们培养的人才遍布祖国。

　　注：这是2000年深圳罗湖区举行"读一本好书"活动中所写的一篇快速文。

　　获2000年深圳罗湖区教育教学优秀论文二等奖。

后 记

　　本文集内大部分文章因我个人找不到合适刊物而未投稿，后来又遇到学术刊物改革，就再也没有投过稿了。再加上我国中学并不是很推崇老师做学术研究，因而平时我也不怎么热心于投稿。实际上，我个人写论文也是三十多年前在湖南省委党校当教师时学会的，因为高校把学术研究看得较重，并形成了尊重"学识"的氛围。如果没有高校教书的经历，我或许到现在也不会真正知道写论文是怎么回事。其实，论文写作，尤其是原创性科学论文的写作对个人来说虽然艰辛，但也是一件极其快乐的事，它能使写作者见到一个不一样的世界，使自己的思维进入一个较广较深的程度。

　　当然，我今天之所以坚持出版此文集，最主要的原因是，在经济学、哲学及写作领域的教学中，我经过多年研究，在25年前做出了一项科学小发现，并创立了自己独特的"文字与思维不同步之说"的小理论，在写作及哲学问题上基本形成了自己个人的思想体系，并将其运用于写作、哲学和经济学的教学实践中。虽然这个小发现我早已在国家一级学术刊物上以几篇论文的形式公开发表了，但内容是分散的。本文集将这些分散的论文以及一些尚未见报的续篇集中起来了。由于其发现过程颇为奇特，可能会对教育及科学研究者提供某种启示。受"文字与思维不同步之说"的启示，我个人也创造了"录音写作训练法"、"哲学思维过程讨论法"（见《从哲学中寻求智慧》等文）等教学方法，这也可能对教育界人士有所启发和帮助。我个人所使用的某些理论的研究方法与表述方法也可能对教育界人士及科学研究者有所启示。

　　本文集的文章主要以长短论文形式所写，在对以前的文章进行汇总时，对一些较复杂的文章在文前或文后做了一点解说，尤其说了一点个人的写作方法。没有作写作方面解释的文章一般属于"正常腹稿思维形式"的写作，少数文章附载了与读者的对话。另外有一些已公开发表的论文因各种原因没有收入进来。本文集的文章绝大部分曾置于我个人的博客中，由于作品的各种不足，读者当然可以根据自己的需要选择性地阅读。

再补充一句，"文字与思维不同步之说"若有续篇，则可能置于我个人的博客中。

最后，感谢一些朋友为我出版此书所给予的帮助！

牛湘坤

2021年1月26日